Die Belagerung

Stephan Vajda

Die Belagerung

Bericht über das Türkenjahr 1683

ein trend-profil-buch
bei
Orac Pietsch

ISBN 3-85368-921-3

Graphische Gestaltung: Ernst Pavlovic
Schutzumschlag: Christian Michel
Lektorat: Leo Mazakarini
Technik: Imprima W. Menches
Satz: Typostudio Wien
Druck und Bindearbeiten: Wiener Verlag, Himberg

Inhaltsverzeichnis

Entledigung einer Verpflichtung

Am 25. September 1683, bereits dreizehn Tage nach der Entsatzschlacht um Wien, erließ die Regierung Ihrer Kaiserlichen Majestät Leopold I. eine Verordnung, wonach alle Publikationen über die Belagerung der Haupt- und Residenzstadt Wien und über ihre Rettung vor den ungläubigen Türken von einer Zensurbehörde geprüft und genehmigt werden müssen. Die von der Universität Wien gebildete Kommission für die Überwachung und Beurteilung aller einschlägigen Berichte, Memoiren und Kommentare hatte vor allem darauf zu achten, daß die zur Veröffentlichung bestimmten Schriften die guten Sitten, die Ehre des Hauses Habsburg, die Ehre des Heiligen Römischen Reiches, die Ehre der Stadt Wien, die Ehre der kaiserlichen Armee und der verbündeten Reichstruppen und die Gebote und Grundwahrheiten der heiligen katholischen Religion nicht verletzen. Der Autor des vorliegenden Buches über das Türkenjahr 1683 und über die Belagerung von Wien fühlt sich verpflichtet, dem Leser mitzuteilen, daß er sich an die kaiserlich-österreichische Zensurverordnung, die dreihundert Jahre hindurch nahezu lückenlos befolgt wurde, nicht gehalten hat.

Beliebte Fehlinterpretationen

Im Frühsommer 1683 hing eine riesige Staubwolke über den ausgedörrten Ebenen Ungarns; eine gewaltige Streitmacht des türkischen Reiches wälzte sich durch das spärlich besiedelte Land in Richtung Nordwesten auf Wien zu, die Haupt- und Residenzstadt Österreichs, die als letztes Bollwerk der Christenheit hastig in Verteidigungszustand versetzt wurde. Das Abendland, so hieß es und heißt es heute noch, war in tödlicher Gefahr.

Daß eine für die damalige Zeit gewiß ungewöhnlich große Armee der Osmanen Ungarn überquerte und zur Grenze des österreichischen Kernlandes zog, entspricht zweifellos den durch zahlreiche zeitgenössische Berichte gesicherten Tatsachen. Daß ihr ursprüngliches Angriffsziel Wien gewesen wäre, erscheint jedoch, berücksichtigt man die in Istanbul verwahrten Unterlagen, vor allem den Briefwechsel des Sultans Mehmed IV. mit seinem Oberbefehlshaber Kara Mustafa, eher fragwürdig. Und was die tödliche Gefahr für das Abendland betrifft, die, zum festen Bestandteil unseres Schulunterrichts geworden, tief im historischen Bewußtsein der Österreicher wurzelt, so handelt es sich da um eine glatte Fehlinterpretation.

Schon der vielstrapazierte Begriff Abendland, diffus und dehnbar zugleich, wirft Probleme auf: Wo beginnt es, wo endet es, was und wer gehört dazu? Auch Sachbücher und Lexika tun sich mit der Definition schwer: Abendland sei die Himmelsgegend, wo die Sonne scheinbar untergehe; die Gesamtheit der Länder, die einst im Weströmischen Reich zusammengefaßt waren; zur Zeit der Kreuzzüge das römisch-katholische Europa, das gegen den Islam in den Kampf zog; die Gemeinschaft aller zivilisierten Nationen des Westens, die sich unablässig gegen den Osten verteidigen müssen.

Rein geographisch gesehen, sind auch Alaska im Norden und Patagonien im Süden des amerikanischen Kontinents Teile des Abendlandes, aber es ist kaum anzunehmen, daß die Türken sie jemals hätten erobern können. Beschränkt man sich auf Europa, so läßt sich an Hand älterer und neuerer Überlieferungen eine im großen und ganzen noch heute gültige Grenze, freilich mit einigen

Abweichungen und Ausbuchtungen, ziehen: Demnach liegt das Abendland westlich einer imaginären Trennlinie, die etwa von Hammerfest im hohen Norden über Stockholm, Danzig, Gleiwitz, Mährisch-Ostrau, Budapest, Split und Brindisi bis zur Insel Malta im Süden verläuft. Es stellt ein ansehnliches Gebiet dar, das gegen Ende des 17. Jahrhunderts unter zahlreichen nationalen, religiösen, wirtschaftlichen und gesellschaftlichen Interessengruppen aufgeteilt und in viele Staaten gegliedert auf der Landkarte Europas erschien.

War sich dieses Abendland im Sommer 1683 der tödlichen Gefahr, die ihm angeblich von den Osmanen drohte, bewußt? Das zeitgenössische Bild paßt kaum in das beliebte Klischee:

In Portugal wird König Alfonso VI. von seiner Frau, Marie von Savoyen-Remours, soeben zur Abdankung gezwungen; die resolute Dame heiratet den jüngeren Bruder des gestürzten Monarchen, Don Pedro II. Im Brennpunkt des allgemeinen Interesses stehen neben den stürmischen Ereignissen bei Hof die Kolonisierung des seit 1669 von den Portugiesen verwalteten Brasilien und der schwere politische und wirtschaftliche Druck, den Frankreich auf Portugal ausübt.

In Spanien arbeiten die Diplomaten der Großmächte, vor allem die Botschafter Frankreichs und Österreichs, besonders eifrig: Es geht um eine gigantische Erbschaft, um den riesigen Besitz der Krone, um Länder und Reichtümer auf der Iberischen Halbinsel, in Nord- und Süditalien, in den Niederlanden und in Amerika. Der König, Carlos II., der letzte spanische Habsburger, hat keine Kinder; er regiert auch nicht, er ist nur mehr ein Häufchen Elend, von Inzucht und Syphilis gezeichnet, von eitrigen Geschwüren geplagt, schwachsinnig, impotent, zahnlos, kahl, fast blind. Mit seinem Ableben wird täglich gerechnet, doch er vegetiert noch immer, sehr zum Verdruß seiner Umgebung, die sein zähes Festhalten am Leben für taktlos, politisch unklug und nicht zuletzt für eine sinnlose Zeitverschwendung hält. Dies ist die zentrale Frage der Tagespolitik, wobei die spanische Öffentlichkeit nahezu einhellig die Meinung vertritt, daß nach dem längst fälligen Tod Carlos' II. zwischen Frankreich und Österreich um den verwaisten Thron in Madrid ein Krieg ausbrechen werde.

Die Schweizer führen bereits Krieg, und zwar im eigenen Land: Zuerst wird in den Kantonen Basel, Bern, Luzern und Solothurn ein Bauernaufstand von Söldnern der reichen Kaufleute und Handwerker unbarmherzig niedergeschlagen, dann fallen die katholischen Ortschaften unter der Führung von Bern über die protestantischen her und behalten vorläufig die Oberhand.

In England löst König Charles II. das Parlament in Oxford willkürlich auf; eine katholische Restauration wird in Angriff genommen, die politische und wirtschaftliche Macht der Protestanten durch bewaffnete Kräfte der Krone zerschlagen. Die führenden Politiker der in die Opposition gedrängten Whig-Partei werden verhaftet, vor Gericht gestellt und nach kurzen, recht inkorrekt geführten Prozessen hingerichtet. Das ist das Gesprächsthema Nummer eins in London; Ängste, Hoffnungen, Intrigen und Pläne kreisen fast ausschließlich um die bange Frage, welche Schritte der König in naher Zukunft unternehmen wird.

In Schweden geht Karl XI., der Vormundschaft eines verhaßten, korrupten Regierungskollegiums gerade entronnen, ebenfalls beinhart vor: Er richtet eine absolute Herrschaft auf und zieht dabei die Güter der Krone, deren sich der Adel lange Jahre hindurch bemächtigt hatte, wieder ein. Seine Feinde sind die Aristokraten daheim und die Dänen in der Nachbarschaft, die schwedisches Gebiet beanspruchen und sich obendrein bemühen, den Seehandel Schwedens zu ruinieren.

Aber auch in Dänemark geht die Periode einer relativen politischen Freiheit für den Adel gerade zu Ende. Das sogenannte Königsgesetz verkündet, daß der Monarch, Friedrich III., »für seine Handlungen nur Gott Rechenschaft schuldig ist«. Der Reichsrat wird abgeschafft, eine Verfolgung der Katholiken setzt ein. Als wichtigste Aufgabe des Staates betrachtet der König die Ausweitung des Seehandels um jeden Preis, als seine Feinde die Engländer und die Schweden.

Norwegen, das zweifellos auch zum Abendland zählt, wird von Dänemark wie eine eroberte Kolonie behandelt; die Behörden führen die dänische Amtssprache ein, die norwegische Sprache wird zur Umgangssprache der Bauern degradiert.

Holland präsentiert sich als eine Republik, wird jedoch von einem Erbstatthalter, von Wilhelm III., als Monarchie regiert. Es ist ein wohlhabendes Land, auf hoher See eine Großmacht, mehr als dreißigtausend Schiffe befahren unter der Flagge der Niederlande die sieben Weltmeere, ihre Eigentümer und Kapitäne zahlen die günstigsten Versicherungsprämien (nur fünf Prozent vom Gesamtwert der Ladung – die Venetianer müssen zehn Prozent entrichten), weil sie am besten navigieren und die wenigsten Verluste haben. Die Republik konnte sich 1674 von der französischen Besatzungsmacht befreien und mit Frankreich einen vorteilhaften Handelsvertrag abschließen. Der Rivale im Seehandel und im Wettlauf um neue Kolonien jenseits des Atlantiks und im Fernen Osten heißt nun England.

Belgien zerfällt in katholische und in protestantische Provinzen, wird von den Holländern bedrängt und dient immer wieder als Schlachtfeld und Tauschobjekt im Machtkampf zwischen Frankreich und Spanien; sein Gebiet ist verwüstet, seine Wirtschaft paralysiert. Lokale Rebellionen flackern auf, sie werden aber rasch unterdrückt.

In Italien, das aus zahlreichen, meist arg verschuldeten Herzogtümern und Stadtstaaten besteht, streiten Frankreich und Spanien um neue Einflußsphären, wobei Versailles Madrid, das nur mehr auf den Tod des Königs wartet, zunehmend in die Defensive drängt. Nur die Republik Venedig ist noch stark und reich genug, um dem stetig wachsenden Druck der Franzosen Widerstand leisten zu können. Sie führt auch Krieg gegen die Türken, zwar weit weg vom Markusplatz, in der griechischen Inselwelt des Ägäischen Meeres, aber seit Jahren glücklos und mit erheblichen Verlusten. Das Abendland hilft Venedig nicht, es sieht bloß, teilweise tatsächlich gespannt, zu. Allein der Kirchenstaat steuert dem Kampf gegen die Osmanen Geld und kleinere Truppenkontingente bei.

Doch das päpstliche Rom ist hauptsächlich auf dem italienischen Festland engagiert, es hat sein Hoheitsgebiet nach und nach vergrößert, sich Ancona, Perugia, Ferrara und Urbino einverleibt, und nun kämpfen die Söldner des Heiligen Vaters um den Besitz der Burg und Herrschaft Castrovillari in Kalabrien gegen die Familie Farnese. Innozenz XI., ein ehemaliger Jusstudent aus Como und Soldat im Dreißigjährigen Krieg, später Bischof von Novara und seit 1676 Oberhaupt der römisch-katholischen Kirche, regiert mit harter Hand: Er räumt in Rom mit dem berüchtigten Nepotismus, mit der Mätressen-Wirtschaft der Kardinäle und mit der allgemeinen Korruption, die auch schon den letzten Türsteher der päpstlichen Verwaltung erfaßt hatte, erfolgreich auf. Mit Venedig verbündet, hält er die gottlosen Türken zweifellos für gefährlich; sein ärgster Feind steht jedoch im eigenen, im katholischen Lager. Es ist der König von Frankreich, Louis XIV., der auch den Titel »allerchristlichste Majestät« führt und gerade dabei ist, die übernationale Machtstellung des Papstes ernsthaft in Frage zu stellen: Der päpstliche Nuntius wird in Paris verhaftet, Avignon, das dem Kirchenstaat gehört, von Truppen des Königs besetzt; eine von dem Monarchen einberufene Versammlung des französischen Klerus proklamiert die von Rom nicht mehr voll und ganz abhängige »Gallikanische Kirche«.

Der zwischen Rom und Versailles lautstark geführte Streit, in dem der Papst überraschend auch die protestantische Opposition in England für sich mobilisieren kann, bedeutet aber nur eines der zweitrangigen Dauergefechte einer viel größeren Auseinandersetzung, die die gesamte politische Szene zwischen Lissabon und Istanbul beherrscht. Seit rund fünfundzwanzig Jahren führen Frankreich und Österreich, der Sonnenkönig Louis XIV. und der Kaiser Leopold I., einen wechselvollen, oft kaum mehr überschaubaren, aber stets unerbittlichen Kampf um die Vormachtstellung in Europa.

Am 18. Juli 1658 wählen die deutschen Kurfürsten, trotz eleganter Wühlarbeit der französischen Diplomatie, nicht, wie Versailles erhofft, Louis XIV., sondern Leopold I., Erzherzog von Österreich, König von Ungarn und Böhmen, zum Kaiser des Heiligen Römischen Reiches. Der Sonnenkönig nimmt die Niederlage scheinbar gelassen hin, beginnt aber sofort mit dem politischen Intrigenspiel auf deutschem Boden. Das Reich, ein höchst sonderbares Gebilde aus mehr als einhundertsiebzig, teils katholischen, teils protestantischen, miteinander oft verfeindeten Kurfürstentümern, Fürstentümern, Herzogtümern, Markgrafschaften, Landgrafschaften, Grafschaften, Herrschaften und Reichsstädten lose zusammengefügt, stellt sich keineswegs entschlossen und geschlossen gegen die französische Intervention. Schon 1658 kann Louis XIV. die westlichen Staaten des Reiches, das laut Voltaire »weder heilig noch römisch, noch reich ist«, unter französischer Aufsicht in eine Rheinische Allianz zusammenfassen. Friedrich Wilhelm, der Große Kurfürst von Brandenburg – und Brandenburg bedeutet auch Berlin und Preußen –, schließt mit dem Sonnenkönig einen Geheimvertrag ab, wonach er bei der nächsten Kaiserwahl seine Stimme Louis XIV. geben werde. Versailles honoriert die Freundlichkeit großzügig: Friedrich Wilhelm erhält eine schöne Unterstützung, 400.000 Livres pro Jahr, in heutiger Währung etwa 30 Millionen Schilling.

Was die französische Diplomatie durch Bestechungen, Versprechungen, Heiratsanträge und Handelsverträge nicht erreichen kann, holt sich der König mit Waffengewalt. Im Jahr 1670 wird das bis dahin römisch-deutsche Lothringen erobert, vier Jahre später Trier an der Mosel und das spanisch-habsburgische Franche-Comté an Frankreich angeschlossen. Auch über die zehn deutschen Reichsstädte im Elsaß weht nun das Lilienbanner des Sonnenkönigs. Im Jahr 1677 marschieren französische Truppen in das österreichische Freiburg im Breisgau ein; am 30. September 1681 wird Straßburg überrannt, am selben Tag die kaiserliche Festung Casale am Po, in der Nähe von Mantua, in Brand geschossen und besetzt.

Kaiser Leopold I. kann die taktisch bestens vorbereitete Offensive der Franzosen, den Verlust von Herrschaften und Städten, die zum Teil nominell, zum Teil tatsächlich ihm gehören, nicht mehr lange hinnehmen, ohne sein Prestige im unruhigen Deutschen Reich und in den österreichischen Ländern aufs Spiel zu setzen. Am 10. Juni 1682 bringt er die »Laxenburger Allianz« unter Dach und Fach: Sie soll die Westgrenze des deutsch-österreichischen Länderkomplexes schützen, 30.000 Mann aufrüsten und am Rhein einsetzen. Versailles rechnet mit einem harten Gegenschlag und bemüht sich fieberhaft, im Osten eine zweite Front gegen das Haus Habsburg aufzubauen. Louis XIV. wendet sich an die Osmanen.

Er ist ein alter Freund des türkischen Reiches, dem er mit Geld, mit Spezialisten, mit technischen und wissenschaftlichen Unterlagen und mit französischem Kriegsmaterial beisteht – auch gegen das christliche Venedig. Er fungiert als vom Sultan offiziell anerkannter Schutzherr der katholischen Kolonie von Istanbul, die, neben einer großen Anzahl von Juden, in den Ausländervierteln Galata und Pera unbehelligt lebt; an den Portalen der katholischen Kirchen in der türkischen Hauptstadt prangt das Wappen der allerchristlichsten Majestät von Frankreich.

Doch diesmal hat Louis XIV. kein leichtes Spiel. Die Osmanen haben mit Wien am 10. August 1664 in der westungarischen Kleinstadt Vasvár (Eisenburg) einen Frieden für zwanzig Jahre geschlossen. Beide Seiten beabsichtigen eine Verlängerung für weitere zwanzig Jahre. Laut Bestimmungen des Vertrags dürfen unter anderem türkische Handelskarawanen bis Schwechat kommen, wo ihre Ware von Wiener Händlern übernommen wird. Das Geschäft blüht, Gewürze, darunter Paprika, der noch türkischer

Pfeffer heißt, Schönheitsmittel, vor allem Rosenöl, erlesene Stoffe, Pantoffeln, Tulpenzwiebeln und Fliederbüsche, Kostbarkeiten, die das Abendland erst nach und nach von den Türken übernimmt, werden gerne gekauft. Der türkische Großbotschafter, Kara Mehmed Pascha, residiert in der Leopoldstadt; er gibt für die gute Gesellschaft von Wien Empfänge und Feste, wo die Wiener türkische Sitten und Bräuche, die berühmten Sörbets, die Erfrischungsgetränke und auch den Kaffee, im Abendland vorerst »die schwarze Suppe« genannt, kennenlernen. Der Kaffee ist übrigens kein Erfolg, er schmeckt den christlichen Gästen nicht, sie schlucken ihn nur aus lauter Höflichkeit und politischer Vorsicht. Denn der Hof des Kaisers schätzt den Großbotschafter, einen liebenswürdigen und gebildeten Mann, und hofft, daß er in Istanbul genug Einfluß hat, die Verlängerung des Friedensvertrages zu bewirken.

Der Kaiser will im Osten keinen Krieg. Der Sultan gefährdet seine Machtstellung in der Tat weit weniger als der Sonnenkönig, dessen zynische Realpolitik Leopold I. immer wieder erschreckt und empört. Er will keinen Krieg, er denkt auch nicht daran, einen Krieg führen zu müssen, er komponiert gerade, er schreibt die Musik für die Komödie »Der thörichte Schäfer«, die im hölzernen Opernhaus in unmittelbarer Nähe der Hofburg in deutscher Sprache uraufgeführt werden soll.

Versailles versucht gar nicht, die Türken für eine im Grunde völlig unmotivierte Großoffensive gegen die Haupt- und Residenzstadt des Kaisers zu gewinnen. Louis XIV. setzt gekonnt bei der ungarischen Frage an.

»Für den Frieden keine Hoffnung mehr . . .«

Der Konflikt um Ungarn, der die Türken schließlich im Sommer 1683 vor die Mauern der Haupt- und Residenzstadt Wien führte, begann im Jahr 1515 mit einer glanzvollen Doppelhochzeit. Kinder heirateten auf höchster Ebene; die Kosten, mehr als 60.000 Golddukaten (umgerechnet etwa 200 Millionen Schilling), steuerte das Handels- und Bankhaus Fugger bei. Der neun Jahre alte Lajos II., Sohn des böhmischen und ungarischen Königs Wladislaw II. aus dem polnischen Haus Jagello, nahm, zunächst freilich nur symbolisch, die zehnjährige Maria von Habsburg, Enkelin des Kaisers Maximilian I., Tochter des spanischen Habsburgers Philipp des Schönen und Johannas der Wahnsinnigen, Schwester des späteren Kaisers Karl V. und Ferdinands I., zur Frau. Die Tochter des böhmischen und ungarischen Königs Wladislaw II. wiederum, Anna, Schwester von Lajos II., zwölf Jahre alt, wurde, ebenfalls symbolisch, mit dem damals fünfundfünfzig Jahre alten Kaiser Maximilian I. getraut, um dann einem der minderjährigen Habsburger weitergegeben zu werden. Ob Karl V. oder Ferdinand I. das Ehebett mit der böhmisch-ungarischen Prinzessin polnischer Abstammung teilen sollte, ließ man am Tag der Hochzeit in Wien noch offen. Anna bekam sechs Jahre später den damals achtzehn Jahre alten Ferdinand I. zum Gemahl.

Ferdinand I., in Spanien geboren und aufgewachsen, trat als Erzherzog im Herbst 1521 die Regierung in Österreich an. Lajos II., der seine Jugend in Prag verbrachte, hielt im Dezember desselben Jahres als König seinen Einzug in die ungarische Residenz Buda (Ofen).

Der doppelte Ehekontrakt basierte auf einem älteren Vertrag aus dem Jahr 1506, wonach, falls eines der künftigen Herrscherpaare kinderlos sterben würde, das andere Herrscherpaar Krone und Länder der kinderlos gestorbenen Monarchen erben sollte: das Haus Jagello Österreich, das Haus Habsburg Böhmen und Ungarn.

Die Türken wurden unruhig. Die Ehe von Ferdinand I. war glücklich, der Erzherzog von Österreich und spätere Kaiser des Heiligen Römischen Reiches zeugte fünfzehn Kinder. Am ungarischen Hof hingegen war es ein offenes Geheimnis, daß Lajos II., ein schmächtiger, labiler Jüngling, mit seiner energischen Frau, die stark männliche Züge aufwies – die Chronisten wunderten sich über ihre »allzu flache Brust« –, nicht zu Rande kam. Maria von Österreich, als erfolgreiche Statthalterin der Niederlande in den Jahren 1530–1556 Maria von Ungarn genannt, konnte reiten, fechten und jagen wie ein Mann. Sie interessierte sich in erster Linie für die Macht, und sie bestimmte auch die Politik der vereinigten Königreiche Böhmen und Ungarn. Istanbul war, nicht zuletzt durch die Berichte von Diplomaten und Agenten des damals mit den Osmanen befreundeten Venedig, über die Lage im Schlafgemach von Lajos II. ausreichend informiert. Die Möglichkeit, daß das kinderreiche Haus Habsburg in absehbarer Zeit Böhmen und Ungarn erben und die Ost- und Südostgrenze der österreichischen Länder bis auf den Balkan auf das Territorium des türkischen Reiches vorschieben könnte, war handfeste Realität geworden. Der neue Sultan der Osmanen, Süleyman II., seit September 1520 an der Macht, wollte Ungarn als einen neutralen Pufferstaat zwischen den beiden Großmächten erhalten. Zu Beginn seiner Regierung betrieb er eine gezielte Friedenspolitik; denn er hatte erhebliche Schwierigkeiten im eigenen Reich, mit der Durchsetzung seiner großen Verwaltungs- und Justizreform, mit den Traditionalisten in der Armee und mit den Fanatikern in den islamischen Religionsgemeinschaften, mit einem Bruderkrieg in Syrien und mit einem Aufstand in Ägypten. Er schloß Frieden mit den mächtigsten Feinden der Osmanen, mit den Persern, dann mit den rumänischen Fürstentümern Moldau und Walachei südlich der Karpaten, mit Polen und mit Venedig. Im Februar 1524 schickte er einen Sonderbotschafter nach Ungarn. Die Umgebung des Königs Lajos II. war nicht abgeneigt, mit den Türken zu einem Modus vivendi zu kommen. Die Verhandlungen wurden unter strengster Geheimhaltung geführt, mit dem Ergebnis, daß der päpstliche Nuntius in Buda, Kardinal Campeggio, bald davon erfuhr und einen ausführlichen Bericht nach Rom sandte. Rom wiederum alarmierte Ferdinand I. in Wien, der seinen Schwager Lajos II. in einem geharnischten Brief davor warnte, mit den Türken, den Todfeinden des Christentums, ein Abkommen auszuhandeln. Allerdings waren Süleymans Bedingungen für einen Friedens- und Freundschaftsvertrag kaum annehmbar: Ungarn sollte den Durchmarsch eines türkischen Heeres, wann immer dies der

Sultan wünschte, gestatten, feierlich und öffentlich versprechen, niemals einen Habsburger als Herrscher des Landes zu akzeptieren und Istanbul Tribut zahlen.

Königin Maria, die schon in Ungarn entschlossen die Interessen ihrer Familie, des Hauses Habsburg, vertrat, plädierte unbeugsam für eine schroffe Ablehnung. Vergeblich flehte der Kanzler der Regierung, Bischof István Brodarics, Lajos II. an: »Das Heil Ungarns liegt in der Freundschaft mit den Türken.« Der König und die Königin brachen die Verhandlungen plötzlich ab, der Sonderbotschafter des Sultans kam auf der Burg Buda unter ungeklärten Umständen ums Leben.

Das bedeutete Krieg. Süleyman marschierte gegen Ungarn. Am 29. August 1526 vernichtete seine Armee in der Ebene von Mohács in einer chaotischen Schlacht, die kaum neunzig Minuten gedauert und in einem tosenden Wolkenbruch geendet hatte, das ungarische Heer. König Lajos II. ertrank auf der Flucht in einem sumpfigen Seitenarm der Donau. Der Erbvertrag zwischen dem Haus Habsburg und dem Haus Jagello trat in Kraft. Erzherzog Ferdinand I. wurde, nach anfänglichen Schwierigkeiten, nach komplizierten Bestechungsmanövern und kurzen Feldzügen, zum König von Böhmen und Ungarn gekrönt.

Das habsburgische Ungarn bestand allerdings nur mehr aus einem schmalen Streifen im Westen und aus den Bergen von Nordungarn mit ihren meist von deutschen Siedlern bewohnten Städten. Das größte, das zentrale Gebiet des Landes von der Batschka bis zum Balaton (Plattensee), mit der ehemaligen Haupt- und Residenzstadt Buda, gehörte nun dem türkischen Reich an. In Siebenbürgen, in einem durch den Karpatenbogen geschützten, blühenden Hochland mit reichen Gold-, Eisen- und Salzvorkommen, mit unermeßlichen Holzvorräten und kultivierten Obstgärten, etablierte sich unter türkischer Schirmherrschaft ein unabhängiges, ungarisch-protestantisches Fürstentum, das Erdélyi Fejedelemség.

Das dreigeteilte Ungarn blieb über mehr als hundert Jahre hindurch ein schwer regierbarer Konflikt- und Unruheherd. Es kam oft zu Kämpfen, da sowohl die Türken als auch die Kaiserlichen immer wieder versucht hatten, ihre strategischen Positionen zu verbessern, ohne jedoch die ursprüngliche Patt-Stellung überwinden zu können; ganze Landstriche wurden dabei zur verbrannten Erde; so entstand die romantische Pußta, das von der Bevölkerung verlassene Ödland, in dem nichts mehr zu sehen war, kein Haus, kein Baum, kein Strauch, nur Salzboden, Schlamm und flimmernder Flugsand.

Ungarns politische Öffentlichkeit, der Hochadel, war sich über Gegenwart und Zukunft des vielgeprüften Landes keineswegs einig: Die katholischen Grundherren in den westlichen Komitaten, in der Nähe von Wien, vertraten die Meinung, Rettung und Wohl ihrer Heimat könne man nur vom christlichen Abendland, das heißt von dem reichen und mächtigen Haus Habsburg, erhoffen. Die protestantische Aristokratie in den nördlichen und östlichen Teilen Ungarns lehnte die bereits zur Tatsache gewordene Hypothese, daß man einen souveränen Staat einfach erheiraten kann, entschieden ab und befürwortete eine Annäherung an die Türken. Eine Gruppe von Magnaten, wohlhabenden hohen Würdenträgern, plante jedoch die Befreiung des Landes von beiden Besatzungsmächten aus eigener Kraft und mit französischer Hilfe, um dann die ungarische Krone einem französischen Fürsten, einem engen Verwandten Louis' XIV., anzubieten. Darüber wurde um das Jahr 1670 in den ungarischen Adelshäusern recht geräuschvoll konferiert und mit mehreren europäischen Höfen, wo die Herren Verbündete suchten, ein umfangreicher Briefwechsel geführt. So wußte man nicht nur in Versailles, sondern bald auch in Warschau, in London, in Madrid und in Venedig, daß eine Verschwörung im Gange sei. Sogar Istanbul schickte, um zu demonstrieren, daß die Türken mit der Sache nichts zu tun haben, dem Wiener Hof eine detaillierte Warnung. Kaiser Leopold I. nahm die Gefahr durchaus ernst und handelte, wie er dies von seinen Erziehern, den Jesuiten, gelernt hatte: der Zweck heilige die Mittel. Er lud die Führer des Komplotts, die Grafen Franz Nádasdy, Péter Zrinyi und Franz Christoph Frangepán, in einem freundlichen Brief unter Zusicherung freien Geleits zu einer Aussprache nach Wien ein, ließ sie verhaften und nach einem ordentlich geführten Hochverratsprozeß am 30. April 1671 hinrichten.

Nun nahm der Hof, von der Verschwörung tiefst beunruhigt, das habsburgische Ungarn enger an die Kandare: 1673 wurde in Preßburg eine königlich-ungarische Statthalterei errichtet, die für die reibungslose Durchführung der Anordnungen aus Wien zu sorgen hatte; vor allem, was die gnadenlose Ausrottung der »protestantischen Ketzerei« betraf. Lutheraner und Calvinisten wurden rigoros ihrer Ämter enthoben, Händler und Handwerker, die nicht bereit waren, zum Katholizismus überzutreten, mit Berufsverbot belegt und mit Sondersteuern schikaniert. In die Wohnungen der protestantischen Familien quartierten die Behörden kaiserliche Soldaten ein, die dort mit der notwendigen pädagogischen Härte hausten. Eine mit einer Zwangsbekehrung gekoppelte Verhaftungswelle setzte ein, in der nordungarischen Stadt Eperjes und in Preßburg nahmen Militärgerichtshöfe, die berüchtigten Bluttribunale, ihre Arbeit auf: Die verstockten Ketzer wurden gefoltert, zu langjährigen Kerkerstrafen oder zum Tod verurteilt, ihr beschlagnahmtes Hab und Gut erhielten die Jesuiten. Die protestantischen Kirchen und Schulen wurden geschlossen, mehr als einhundert Geistliche in Ketten gelegt, zu Fuß nach Neapel getrieben und als Galeerensträflinge an die Ruderbänke gefesselt. Zahlreiche Protestanten ergriffen mit Frau und Kind die Flucht, sie retteten sich auf türkisch-ungarisches Gebiet, wo die osmanischen Behörden sie bereitwillig aufnahmen.

Viele von ihnen kehrten bald bewaffnet zurück. Denn unter der Führung des erst einundzwanzig Jahre alten Grafen Imre Thököly, eines frühreifen, ehrgeizigen, aber auch launenhaften Grundherrn, brach im habsburgischen Nordungarn ein Aufstand aus. Die Rebellen, bedrängte oder vertriebene protestantische Bauern, Handwerker und Kleinadelige, nannten sich Kuruzzen, nicht aber, wie noch heute im deutschsprachigen Raum angenommen wird, nach dem lateinischen Wort *crux* (Kreuz), weil sie sich als Kreuzfahrer des wahren Glaubens betrachtet hätten, sondern nach dem türkischen Wort *khurudsch,* was soviel wie freier Krieger, Aufständischer bedeutet. Ihre zunächst noch kleinen, zerlumpten Reiterscharen überfielen und plünderten die deutschen Bergwerkssiedlungen und lieferten den kaiserlichen Truppen in der Gegend von Kaschau, Eperjes und Preßburg verlustreiche Gefechte.

Der Sonnenkönig Louis XIV. wurde auf Imre Thököly und seine Kuruzzen sofort aufmerksam; und obwohl er im eigenen Land die Protestanten brutal unterdrücken und verfolgen ließ, machte er den bewaffneten ungarischen Lutheranern und Calvinisten ein großzügiges Angebot: Im Jahr 1677 unterzeichnete sein Beauftragter, der französische Gesandte in Warschau, Marquis de Béthune, einen regelrechten Beistandspakt mit Thököly; die Kuruzzen erhielten als Unterstützung für ihren Guerillakampf die gewaltige Summe von

500.000 Golddukaten (umgerechnet etwa 1,5 Milliarden Schilling); Versailles schickte ihnen auf mühsamen Umwegen auch leichte französische Feldgeschütze und einige ausgebildete Stückemeister. Die zweite Front gegen Österreich nahm Gestalt an.

Denn die Türken, durch die Abgesandten des Sonnenkönigs ermuntert, setzten nun auch auf Imre Thököly. Die Hohe Pforte, das Außenamt der Osmanen, besann sich auf den bereits nahezu hundertfünfzig Jahre alten Plan des großen Sultans Süleyman II., aus Ungarn, mit türkischer Hilfe und unter türkischer Aufsicht, einen Pufferstaat zu machen, der von einem türkenfreundlichen, in Ungarn geborenen und Ungarisch sprechenden Nationalkönig regiert werden sollte.

Magyaristan, wie die Türken Ungarn nennen, war für sie nicht bloß irgendein von Großmächten zerrissenes, halb erobertes Gebiet; nach türkischer Auffassung, die noch heute von der modernen türkischen Geschichtsschreibung vertreten wird, war Ungarn ein Land der Verwandten, das man von der Fremdherrschaft der Habsburger befreien wollte. Türken und Ungarn sind tatsächlich, wenn auch eher weitläufig, verwandt; in der türkischen und der ungarischen Sprache gibt es eine große Zahl identischer Wörter. Als Staatspräsident Kemal Atatürk nach dem Ersten Weltkrieg die moderne Türkei schuf und unter anderem die lateinische Schrift einführte, übernahm er das ungarische Abc, die ungarische Interpunktion und die ungarische Phonetik. Aber auch die Mentalität der beiden Völker scheint in manchem recht ähnlich zu sein; Türken und Ungarn konnten sich in der zweiten Hälfte des 17. Jahrhunderts oft besser verstehen als Türken und Österreicher oder Ungarn und Deutsche. Die Verwaltung im von den Türken besetzten Teil Ungarns war ungleich nachsichtiger und humaner als die in den von den Kaiserlichen gehaltenen Landstrichen: Sie mischte sich nicht in die lokalen Angelegenheiten der Städte und Dörfer ein und ließ neben der übrigens hervorragenden osmanischen Gerichtsbarkeit auch die alte ungarische bestehen. Die Landbevölkerung genoß mehr Freiheiten und hatte auch mehr Rechte als in der Zeit vor der türkischen Besatzung unter den eigenen Grundherren. Die Religionsgemeinschaften, ob katholisch, protestantisch oder jüdisch, blieben unangetastet; eine Zwangsbekehrung hat die islamische Geistlichkeit niemals versucht.

Die Idee des Königs von Frankreich, Ungarn mit einem Schlag

zu befreien und dabei den Grafen Imre Thököly und seine Kuruzzen als brauchbares Instrument zu benützen, fanden Sultan Mehmed IV. und sein Großwesir Kara Mustafa, Regierungschef und Oberbefehlshaber in einer Person, recht interessant. Sie zögerten jedoch eine konkrete Antwort hinaus, da das Unternehmen ihnen vorerst doch als viel zu kostspielig und zu gewagt erschien. Die Unterhändler Versailles' in Istanbul, in der türkischen Hauptstadt ansässige französische Jesuitenpatres und Kapuzinermönche, machten aber den Führern des türkischen Reiches durch eine ebenso hartnäckige wie geschmeidige Verhandlungstaktik klar, daß der Zeitpunkt zu einer großangelegten politisch-militärischen Aktion besonders günstig sei, und sie versprachen dabei auch äußerst überzeugend die tatkräftige Hilfe der allerchristlichsten Majestät. Die massive Intervention des katholischen Frankreich in Istanbul für einen Krieg gegen das katholische Österreich, worüber man dreihundert Jahre lang anscheinend recht ungern sprach, führte zu einer höchst sonderbaren politischen Konstellation: Das Abendland mußte sich vor dem Abendland retten.

Im Spätherbst 1681 meldete der französische Gesandte bei der Hohen Pforte, Comte de Guilleragues, nach Versailles, daß Großwesir Kara Mustafa bereit sei, den Vorstoß zu wagen, aber erst dann, wenn die Verhandlungen mit Wien endgültig scheitern würden.

Denn Wien hatte verhandelt. Der Gesandte des Kaisers in der türkischen Hauptstadt, Georg Christoph Kuniz, bemühte sich verzweifelt, die Türken zu einem friedlichen Kompromiß zu bewegen. Er versuchte auch den in Istanbul zweifellos gangbaren Weg der Bestechung; er bat um die Übersendung von 10.000 Golddukaten und um eine präzis formulierte Vollmacht, die ihm die Erörterung wichtiger Einzelheiten erlaubt hätte. Der Kaiser war mit der Bestechung einverstanden, doch die Hofkammer (das damalige Finanzministerium) teilte dem Gesandten mit, man habe kein Geld. Auch die Vollmacht bekam Kuniz nicht, vermutlich weil der Hof in Wien ihn zu gering eingeschätzt hatte. Er war bloß ein kleiner Baron und obendrein eine Verlegenheitslösung, ursprünglich ein Wirtschaftsfachmann, Generalkonsul der levantinischen Handelsgesellschaft, der die Geschäfte meist von der türkischen Festung Buda aus betreute und erst im Frühjahr 1680 zum kaiserlichen Gesandten ernannt wurde, als zwei österreichische Botschafter in Istanbul hintereinander binnen kurzer Zeit erkrankten und starben.

Kuniz kannte die Türken gut, er hatte auch Freunde unter den osmanischen Führern, vor allem den klugen und besonnenen Ibrahim Pascha, Kommandant der Festung Buda und Gouverneur einer der vier Paschaliks (Verwaltungsbezirke) in Ungarn, der dem geschäftstüchtigen Baron wertvolle Informationen aus der Umgebung des Sultans zukommen ließ.

Nun sandte der Hof in Wien eine für Kuniz gewiß ungebetene Verstärkung, den Grafen Albert Caprara, Bruder eines namhaften kaiserlichen Generals, als Sonderbotschafter nach Istanbul. Dieser traf mit einem Gefolge von zweiundachtzig Personen am 11. April 1682 in der türkischen Hauptstadt ein und setzte sogleich die von Kuniz begonnenen Verhandlungen fort. Es ging um Ungarn, und Kara Mustafa stellte Bedingungen, die Kaiser Leopold I., der im Westen ständig Gebiete verlor, nur schwerlich annehmen konnte: Österreich sollte zwei Festungen auf ungarischem Territorium, Komárom (Komorn) und Györ (Raab), Schlüsselstellungen, die den klassischen Ost-West-Aufmarschweg entlang der Donau schützten, räumen, weiters die erst 1665 erbaute Burg Lipótvár (Leopoldstadt), ebenfalls eine Schlüsselstellung gegenüber der Waag-Mündung, schleifen, die Teilnehmer der Magnaten-Verschwörung, die Kerkerstrafen erhalten hatten, begnadigen, ihr konfisziertes Vermögen zurückerstatten und dem Sultan als Zeichen aufrichtiger Freundschaft eine halbe Million Golddukaten schenken.

Caprara bat um eine Unterbrechung der Gespräche, er wollte einen ausführlichen Bericht nach Wien senden und neue Vorschläge des Kaisers einholen. Die Hohe Pforte erklärte sich bereit zu warten. Viele historische Quellen, in erster Linie im deutschsprachigen Raum, weisen darauf hin, daß das Entgegenkommen der Türken nur mehr eine plumpe Finte gewesen wäre: Sie hätten den Krieg längst beschlossen, sie wollten durch die Verhandlungen bloß Zeit gewinnen, Wien täuschen und die Aufrüstung der kaiserlichen Armee verlangsamen. Auch Caprara vertrat die Meinung, daß Großwesir Kara Mustafa, im Gegensatz zum Sultan Mehmed IV., den Frieden von Vasvár nicht mehr zu verlängern bereit war. Am 17. Juni 1682 berichtete er nach Wien:

»Der Großwesir beharrt in seinem Eifer für den Krieg, und seine persönlichen Gründe für denselben sind so stark, daß es unmöglich ist, ihn vom Gegenteile zu überzeugen. Er ist verhaßt bei allen bis zum geringsten Manne, und in täglicher Gefahr, gestürzt zu werden.

Daher sieht er seine Sicherheit für seine Stellung nur im Kriege. Die Gegner des Großwesirs arbeiten nicht wider den Krieg, in der Hoffnung, daß er einen Schlag erleide und dadurch sich seinen Sturz bereite.«

Am 11. August hielt Kaiser Leopold I. im Schloß Favorita in Wien eine Beratung über die Forderungen der Türken ab, an der die höchsten politischen und militärischen Führer der österreichischen Länder, insgesamt achtzehn Männer, teilnahmen. Siebzehn davon waren der Ansicht, man solle den Osmanen nachgeben, um an den westlichen Grenzen mit voller Kraft Frankreich angreifen zu können. Doch Leopold I. entschied dahingehend, daß die Gefahr, die aus dem Osten drohte, übertrieben dargestellt wäre. Man solle daher die türkischen Vorschläge vorerst zurückweisen, dennoch, falls nur irgendwie möglich, mit der Hohen Pforte weiterverhandeln und sich inzwischen für einen großen Krieg gegen Frankreich vorbereiten. Beschlossen wurde jedoch nichts; es hieß, man wolle abwarten.

Dabei führten im habsburgischen Nordungarn seit Anfang Juli 1682 die Kuruzzen des Imre Thököly gegen die österreichischen Garnisonen bereits einen Krieg, in den sich nach und nach auch türkische Einheiten einmischten. Die Armee des Kaisers wich langsam zurück, versuchte jedoch, wenigstens die befestigten Plätze zu halten.

Obwohl im Kampfgebiet zwischen Preßburg und Kaschau recht rohe Sitten herrschten und immer mehr Liniensoldaten des Sultans gegen die kaiserlichen Festungen anstürmten, war die Gesamtlage noch nicht hoffnungslos verfahren. Im Spätsommer 1682 ortete der österreichische Gesandte Kuniz günstige Zeichen; er glaubte, man könnte mit mehr diplomatischem Geschick und taktischer Geschmeidigkeiten von seiten Wiens die Hohe Pforte doch noch für den Frieden gewinnen. Um so mehr, da die Kuruzzen in Istanbul zunehmend als unverläßliche Bundesgenossen betrachtet wurden. Denn Imre Thököly verschrieb sich keineswegs eindeutig den Türken. Als Kara Mustafa ihm den Titel eines ungarischen Königs anbot, lehnte der junge, oft unbesonnene Graf sofort ab; er wußte, daß eine Krone aus Istanbul, wie überhaupt eine Krone, ihn in der protestantischen Öffentlichkeit Ungarns und Siebenbürgens nur unpopulär machen könnte. Er wollte daher bloß der regierende Fürst von Oberungarn und Siebenbürgen werden, und dies nicht nur mit Hilfe des Sultans und des Hofes von Versailles. Der protestantische

Rebell, der immerhin aus einer steinreichen Grafenfamilie stammte, hatte einen ausgeprägten Sinn für die Legitimität: Er wollte sich mit dem rechtmäßigen ungarischen König aussöhnen und sich von ihm bestätigen lassen. Der rechtmäßige ungarische König hieß Lipót I.; er residierte in Wien, er war der katholische Kaiser Leopold I. Zu ihm sandte Graf Imre Thököly Anfang November zwei seiner Vertrauten, die Adeligen István Szirmay und Zsigmond Jánosy, um über einen Waffenstillstand und einen anschließenden Frontwechsel zu verhandeln. Was Ibrahim Pascha, der von Buda aus laufend Infanterie und Munition zur Unterstützung Thökölys nach Oberungarn schickte, schon nach einigen Tagen, angeblich durch die Vermittlung venetianischer Agenten, erfuhr. Die zwei ungarischen Herren haben sich in Wien gar nicht versteckt, man kannte sie bei Hof und wußte, warum sie unter Zusicherung freien Geleits in der Haupt- und Residenzstadt erschienen. Graf Quirin Jörger, Vizepräsident der Hofkammer, verhandelte mit ihnen und legte dem Kaiser über das Angebot der Rebellen ein Gutachten vor. Das Resümee lautete: Thököly wäre durch Versprechungen zu gewinnen. Doch Leopold I. sagte weder ja noch nein. Die zwei ungarischen Abgesandten kehrten mit leeren Händen in die Stadt Löcse (Leutscheu), in das Hauptquartier von Thököly, zurück.

Sonderbotschafter Graf Albert Caprara sah keinen Hoffnungsschimmer mehr. Er wurde in Istanbul zwar höflich behandelt, aber weitgehend isoliert, er stand praktisch unter Hausarrest. Dennoch gelang es ihm mit Hilfe von Kuniz, der sich nahezu völlig frei bewegen konnte, über die Rüstung der türkischen Armee, über Truppenkonzentrationen und über die Aufstellung neuer Einheiten Informationen zu sammeln. Der Reiß Efendi (Staatskanzler) Telschissisade Mustafa Pascha, ein Intimfeind des Großwesirs, schickte ihm eine inoffizielle Botschaft: »Die Dinge sind bereits zu weit gediehen. Wir werden Krieg haben.«

Am 12. Dezember meldete sich in Wien ein Kurier Capraras mit einer dramatischen Warnung: »Für den Frieden keine Hoffnung mehr übrig. Es gibt kein anderes Heilmittel mehr, als eilig zu waffnen und die Türkei in Ungarn anzugreifen.« Doch der Kaiser blickte noch immer gebannt nach Westen, zur Grenze des Heiligen Römischen Reiches am Rhein; er hatte keine Lust, aber auch keine Mittel, einen Präventivkrieg gegen die Osmanen in Ungarn zu beginnen. Am 21. Dezember traf Caprara in Edirne (Adrianopel) das letzte Mal mit hohen türkischen Würdenträgern zusammen. Beide Parteien beharrten auf ihrem Standpunkt. Das Gespräch verlief ergebnislos.

Der Aufstieg des schwarzen Mustafa

Mehmed IV., sein Hof, seine Regierung, die Diplomaten Frankreichs, Rußlands, Schwedens, Polens, Spaniens, Venedigs und Österreichs hielten sich bereits seit dem 19. Oktober in Edirne, 260 Kilometer westlich von Istanbul, im europäischen Gebiet des türkischen Reiches, auf. Der Sultan liebte seine Hauptstadt nicht, er residierte meist in Edirne, oder er streifte mit seiner mobilen Hofhaltung in den Wäldern der Balkanhalbinsel umher, wo er die Tierwelt seit über zwanzig Jahren mit besessener Sturheit dezimierte. Seine tatsächlich monströse Jagdleidenschaft verlieh ihm im Gedächtnis der christlichen Nachwelt dämonische Züge. Von der westlichen Geschichtsschreibung bekam Mehmed IV. dreihundert Jahre hindurch nur schlechte Noten: Er sei ein »grausamer und feiger Tyrann« gewesen, der sich einer »üppigen Wollust« ergeben hätte, vollkommen unfähig, dabei auch noch zu regieren. Er wäre immer wieder für längere Zeit in seinem Harem verschwunden, um dort neben dem »übermäßigen Branntweingenuß« auch »mannigfaltigen Ausschweifungen« zu frönen. Über die Details, was wohl der gottlose Despot hinter den vergitterten Fenstern der prunkvollen Räume Tag und Nacht trieb, schwiegen sich die christlichen Chronisten, von rechtschaffenem Schauder gepackt, taktvoll aus.

Mehmed IV. wurde am 8. August 1648 im Alter von sieben Jahren nach einer turbulenten Palastrevolution, in der sein Vater Ibrahim vor seinen Augen ermordet wurde, zum Sultan ausgerufen. Er war sicherlich ein psychisch schwer geschädigtes Kind, blieb sein Leben lang menschenscheu und mißtrauisch, hatte aber, zumindest nach Ansicht der türkischen Geschichtsschreiber, zweifellos auch gute Seiten. Er war gebildet, förderte Wissenschafter, Historiker, Dichter und Architekten, konnte politische Zusammenhänge rasch erblicken und daraus nach gründlicher Überlegung auch richtige Schlüsse ziehen. Er delegierte zwar die Regierungsarbeit, aber in wichtigen Fragen behielt er die letzte Entscheidung stets für sich. In der Auswahl seiner Großwesire, Leiter der Außenpolitik, der Wehrpolitik und der inneren Verwaltung, hatte er nach anfänglichem Mißgeschick, von seiner umsichtigen Mutter Tarhan liebevoll gelenkt, eine glückliche Hand. Unter den Großwesiren Mohammed Köprülü und dessen Sohn Ahmed Köprülü gelang es binnen zehn Jahren, die chaotischen Zustände im türkischen Reich noch einmal zu ordnen: Der Verwaltungsapparat wurde gestrafft und von unfähigen und korrupten Beamten befreit, das Finanz- und Steuerwesen reorganisiert, die Effektivität der Wirtschaft, des Außen- und Seehandels spürbar erhöht, die Disziplin in der Armee wiederhergestellt, das Heer durch die Aufstellung neuer Einheiten, der *Gönüllü,* einer leichten Kavallerie, und der *Beschli,* einer berittenen Garde, verstärkt, die politische Macht der Berufssoldaten-Bruderschaft, der Janitscharen, neutralisiert. Die bis dahin einflußreichen Gruppen der religiösen Fanatiker, die sich wild gegen jedweden Fortschritt gestemmt hatten, schaltete man aus, lud christliche Fachleute nach Istanbul ein, rüstete mit ihrer Hilfe eine Flotte aus und baute Straßen, Schulen, Bäder, Herbergen und Spitäler.

Großwesir Ahmed Köprülü starb im Herbst 1676. Der Name Köprülü war in der Türkei bereits zum Symbol für Ordnung und Erfolg geworden, und so suchte der Sultan den Nachfolger in der unmittelbaren Umgebung der einst aus Albanien nach Anatolien eingewanderten Familie. Seine Wahl fiel auf Kara Mustafa, auf einen damals zweiundvierzig Jahre alten hohen Würdenträger, Sohn eines Spahis, eines einfachen berittenen Soldaten, der als Spielgefährte der Köprülü-Kinder gemeinsam mit ihnen erzogen worden war und eine der Schwestern von Ahmed Köprülü zur Frau nahm. Es war diesmal keine glückliche Wahl, obwohl Kara Mustafa sein wahres Gesicht angeblich erst dann zeigte, als er das Reichssiegel, das Zeichen der höchsten politischen Macht im Staat, erhielt. Da er den Marsch auf Wien letztlich auf eigene Faust unternahm, vor den Toren der Stadt vernichtend geschlagen wurde und die Flucht ergriff, haben ihn auch die türkischen Geschichts- und Schulbücher nicht gerade gern: Sie erwähnen seine Taten nur kurz. Die Schilderung seines Charakters stammt durchwegs von seinen politischen und militärischen Gegnern, von den Venetianern Francesco Morosini und Pietro Civrano, und aus den Flugschriften und Chroniken, die bald nach der Belagerung von Wien erschienen waren. Somit blieb das Bild des Menschen Kara Mustafa gewiß klischeehaft, wenn es auch in manchen Zügen doch stimmen mag: Demnach wäre er ein kaltblütiger, ruhiger Mann gewesen, mehr aus Berechnung als aus Neigung grausam, hochfahrend, aber nicht ohne Würde, unnahbar, für Ratschläge und Argumente der anderen nicht zugänglich, machtbesessen, prunksüchtig und geldgierig, doch tief religiös, ein gläubiger Muslim, der felsenfest davon überzeugt war, daß seine Schritte von Allah gelenkt werden, sein Schicksal habe der Allmächtige schon bis auf die Stunde seines Todes vorausbestimmt.

Gesichert sind einige biographische Daten: das Geburtsjahr 1634, der Ort, Merzifon, ein kleiner Marktflecken in der Provinz Sivas, weit östlich von Ankara; die Vorfahren waren einfache Bauern. Seine Jugend verbrachte Kara Mustafa (kara: der Schwarze) in der nahen Stadt Köprü, von wo aus die Familie Köprülü nach Istanbul und in die große Politik zog. Als Mohammed Köprülü im Herbst 1656 Großwesir wurde, nahm er seine ganze Sippe in den Serail, in den Palast des Sultans, der gleichsam das Zentrum der politischen und militärischen Verwaltung des Reiches war, mit. Auch Kara Mustafa landete in Istanbul und bekam hintereinander mehrere Ämter bei Hof und machte sehr rasch eine steile Karriere: Mit sechsundzwanzig Jahren war er bereits Beglerbeg (Gouverneur) der Provinz Rumelien, eines großen und reichen Verwaltungsbezirks, der das Gebiet des heutigen Rumänien und Griechenland umfaßte, mit siebenundzwanzig wurde er Kapudan Pascha (Oberbefehlshaber der Flotte), mit dreißig Kaimakam (stellvertretender Großwesir).

Im Jahr 1668 kommandierte Kara Mustafa bei der Belagerung von Kandia auf der Insel Kreta die im Osten der Festung eingesetzten Truppen; 1672 nahm er, bereits im engsten Gefolge des Sultans, am Feldzug in Podolien gegen die Polen teil. Vier Jahre später erhielt er als Großwesir das Reichssiegel. Im Krieg gegen die Russen im Sommer 1678 führte Kara Mustafa das erste Mal allein das gesamte türkische Heer, und er führte es mit Erfolg. Er belagerte die berühmte Kosakenstadt Tschigirin am Dnjepr, einen von ausgedehnten Sümpfen geschützten, stark befestigten Stützpunkt. Als ein russisches Entsatzheer unter dem erfahrenen General Romodanowski sich bis zu den Bastionen durchgekämpft hatte, teilte der Großwesir kaltblütig seine Armee; er ließ die Festung weiterhin beschießen und berennen und griff gleichzeitig die anrückenden, zahlenmäßig überlegenen Russen an; er schlug die Truppen Romodanowskis in die Flucht, und einige Stunden später nahm er auch die Stadt. Nach dem Fall von Tschigirin galt Kara Mustafa in Istanbul, aber auch in den Augen der Venetianer und der Österreicher als ein mutiger und fähiger Feldherr, der auch in einer äußerst schwierigen Lage seinen

Kopf nicht verliert, Risiken seelenruhig abwägt und richtige Entscheidungen trifft.

Dennoch wuchs die Spannung zwischen dem Sultan und seinem neuen Großwesir; Mehmed IV. hätte, so erzählten sich hohe türkische Würdenträger im Serail, christliche und jüdische Kaufleute in Pera und Galata, vor dem rücksichtslosen Machtmenschen Kara Mustafa Angst. Seine rauhe Art, die Geschäfte zu führen, gefalle dem zur Melancholie und Tatenlosigkeit neigenden Herrscher nicht. Die außenpolitischen Pläne des Großwesirs halte der Sultan für viel zu ehrgeizig und gefährlich. Der große Sieg im Sumpfgebiet des Dnjeprs hatte am Ende auch nichts gebracht: Die Russen zogen sich zurück, das türkische Heer marschierte in einen leeren Raum hinein, wo es sich bald nicht mehr ausreichend versorgen konnte und erschöpft umkehren mußte. Kiew, das geheime Ziel Kara Mustafas, blieb eine Vision. Aber auch die offene Unterstützung des protestantischen Rebellen Thököly und die allzu willige Zusammenarbeit mit den Franzosen betrachtete der Sultan als ein viel zu riskantes Konzept; er befürchtete unabsehbare Komplikationen, mit denen er sich hätte befassen müssen, anstatt seine ganze Aufmerksamkeit seinen neuen Jagdgebieten in Thessalien widmen zu können. Mehmed IV. wollte, im Gegensatz zu dem überaus dynamischen Kara Mustafa, keine neue Expansion und keinen neuen Krieg. Doch er konnte sich anscheinend nicht entschließen, den Großwesir offen zu behindern oder gar abzulösen.

Einem begrenzten Krieg mit klar festgelegten strategischen und politischen Zielen, wie ihm dies Kara Mustafa schon im Herbst 1682 vorgeschlagen hatte, einem Feldzug auf ungarischem Gebiet und der Eroberung der zwei umstrittenen Festungen Komárom und Györ, stimmte der Sultan allerdings zu, vermutlich aber erst Mitte Jänner 1683. Er hoffte, daß Kara Mustafa mit seinen militärischen Plänen recht behalten, das heißt, daß das türkische Heer nur auf die zahlenmäßig weit unterlegene und mangelhaft ausgerüstete österreichische Armee stoßen werde. Und er hoffte, daß sein Großwesir genug neue und verläßliche politische Informationen besaß, um damit rechnen zu können, daß Polen, der Erbfeind der Türkei im Osten, unter Einfluß der Franzosen während des ungarischen Feldzugs tatsächlich neutral bleiben würde.

Doch die Informationen Kara Mustafas waren weder neu noch verläßlich. Denn in Warschau hat sich die Lage zuungunsten der

Türkei plötzlich dramatisch zugespitzt. Der französische Einfluß bröckelte rasch ab. Versailles, das die Schlacht um Wien am Rhein begann, hat sie bereits an der Weichsel verloren.

Die Wende kam überraschend; Frankreich hatte ja die polnische Bündnispolitik lange Jahre hindurch fest im Griff. Es war ein diplomatisches Meisterstück, da Polen immer wieder verlustreiche Defensivkriege gegen die Türken, die inoffiziellen Verbündeten des Sonnenkönigs Louis XIV., führen mußte. Dennoch gehörten die reichsten und mächtigsten Männer des Landes der französischen Partei an, unter ihnen, von seiner heißgeliebten französischen Frau, Maria Kasimira de la Grange d'Arquien, beeinflußt, auch der berühmte Feldherr und Kongreßhetman (Oberbefehlshaber) Jan Sobieski.

Der politische Kampf in Warschau gestaltete sich besonders vielschichtig. Polen, in dem das wirtschaftliche und verwaltungstechnische Chaos wieder einmal zum Dauerzustand geworden war, schien für diplomatische Querschüsse, feinst gesponnene Intrigen, gerissene Winkelzüge und waghalsige Bestechungsmanöver ein nahezu idealer Boden zu sein. Seit dem Jahr 1572, dem Tod Sigismunds II., des letzten Königs aus dem Haus Jagello, wurden die polnischen Herrscher vom Reichstag gewählt. Die Krone war nicht mehr erblich, und dieser vordergründig demokratische Tatbestand reizte immer wieder die Großmächte, einen ihrer Kandidaten auf den polnischen Thron zu plazieren oder zumindest die Wahl des einen oder anderen ihnen genehmen polnischen Aristokraten durch den geballten Einsatz aller anständigen und unanständigen Mittel zu fördern. Die komplizierten Vorbereitungen für die Königswahl wurden jedesmal zu einem wilden diplomatischen Turnier; das Ergebnis fiel dann meist kläglich aus, man sah den gewählten Monarchen als den gekauften Vertreter einer fremden Macht oder eines der polnischen Adelsklüngel an und ließ ihn nicht regieren.

Am 10. November 1673 starb der Wahlkönig Michail Koribut Wisniowiecki, der bloß vier Jahre lang die Rolle eines unbedeutenden Herrschers gespielt und sich dabei in keiner Hinsicht angestrengt hatte. Das harte Rennen um die Nachfolge setzte unverzüglich ein. Als aussichtsreichster Kandidat galt der Mann der Franzosen, der neunundvierzig Jahre alte, inzwischen Krongroßmarschall gewordene Jan Sobieski, in Polen bereits eine legendäre Figur, populärer Held der Türkenkriege, der an der Spitze seiner verwegenen Kavallerie die gefürchteten Osmanen mehrmals besiegt hatte. Charmant, warmherzig, eitel, auf seine Ehre besonders bedacht, humorvoll, manchmal aber auch grob und ausfällig, impulsiv und tollkühn, verkörperte er in den Augen seiner Landsleute das Ideal des polnischen Edelmannes. Sobieski war auch gebildet, er verstand einiges von Literatur und Kunst; in seiner Jugend absolvierte er die Krakauer Akademie und bereiste das westliche Europa. Er sprach fünf Fremdsprachen fließend: Tatarisch, Französisch, Italienisch, Latein und Deutsch. Mit französischen Bestechungsgeldern großzügig ausgestattet, hatte er eindeutig die Chance, ohne besondere Schwierigkeiten zum König von Polen gewählt zu werden. Um so mehr, als sein vom Haus Habsburg unterstützter Gegenkandidat, der in Wien geborene Karl V., Herzog von Lothringen und Bar, ein farbloser Berufssoldat im kaiserlichen Dienst, auf die polnische Aristokratie kaum Eindruck machen konnte. Der dreißig Jahre alte General, für die Polen ein Fremder, ein schmächtiger Mann obendrein, zurückhaltend, kontaktarm, auffallend schlecht gekleidet, hatte von vornherein fast keine Aussichten, vom polnischen Reichstag zum König ausgerufen zu werden. Außerdem zahlte der französische Botschafter für jede Stimme empfindlich mehr als der Gesandte des Kaisers.

Die letzte Entscheidung brachte dann die mit ebenfalls beachtlichen Summen ins Rollen gebrachte Realpolitik des Kirchenstaates. Der päpstliche Nuntius in Warschau, Francesco Buonvisi, ein erklärter Gegner der Franzosen, nahm überraschend für ihren Kandidaten, Jan Sobieski, Partei. Es war keine Laune eines alten Kardinals und auch kein unbegreiflicher Alleingang der Warschauer Nuntiatur; die genauen Anweisungen kamen aus Rom. Der Grundgedanke der päpstlichen Politik war ein vernünftiger: Man unterstützt offen den Kandidaten, den der Reichstag ohnehin wählen wird; somit tritt man als sein Freund und potentieller Partner in Erscheinung, um ihn später von seiner französischen Bündnispolitik schrittweise abzubringen.

Am 21. Mai 1674 wurde Jan Sobieski zum König von Polen gewählt. Mehr als sechs Jahre hindurch folgte er brav den Initiativen der französischen Großmachtpolitik. Warschau schloß Frieden mit dem türkischen Reich, ein für Polen ungünstiger Vertrag, denn die von den Osmanen in Podolien, östlich der Karpaten, eroberten Landstriche blieben im Besitz des Sultans. Sobieski unterstützte auf

Wunsch Versailles' auch die protestantischen Rebellen im habsburgischen Nordungarn: Auf polnischem Territorium wurden Operationsbasen für die Kuruzzen errichtet, der französische Nachschub erreichte Thökölys Reiterscharen über polnisches Gebiet.

Doch die Diplomatie des Kaisers holte in zäher Kleinarbeit langsam auf. Sobieski war zweifellos ein Freund des Sonnenkönigs, aber er war alles andere als ein Freund der Osmanen. Die seit Jahrzehnten unveränderte Richtung der türkischen Expansionspolitik wies nach wie vor nach Rußland und nach Polen. Damit präsentierte sich aber die polnisch-französische Verbindung letztlich als eine unheilige Allianz, auf die Nuntius Buonvisi den streng gläubigen katholischen Wahlkönig immer wieder aufmerksam machte. Der österreichische Gesandte Johann Christoph Zierowski, Freiherr von Zierowa, arbeitete sehr geschickt, obwohl er vorerst ungleich weniger Geld zur Verfügung hatte als seine französischen Gegenspieler; er beklagte sich in einer Depesche an Wien: »Diese Ausgaben sind nur ein Schatten von dem, was die Franzosen auslegen . . .« Dennoch konnte er ein lokales Spionagenetz aufbauen, das bis in das Haus des neuernannten französischen Botschafters Marquis de Vitry reichte. Seine Agenten kopierten fast die gesamte Korrespondenz Vitrys mit dem Hof des Sonnenkönigs in Versailles, und Zierowski spielte sie, mit einigen Originalstücken vermischt, Sobieski zu. Die Beute war brisant, denn Vitry schrieb meist nur abfällig über die Polen; er bezeichnete sie als faul, korrupt, ungehobelt, ihren Wahlkönig als einen würdigen Sohn der arbeitsscheuen, versoffenen polnischen Aristokratie; er nannte ihn lüstern, verschlagen, käuflich; und, was ihn wahrscheinlich am schwersten traf, einen miserablen Feldherrn.

Sobieski reagierte emotionell und handelte ganz und gar undiplomatisch: Er ließ am 16. März 1683 die Briefe, die teilweise auch ein Körnchen Wahrheit über ihn beinhaltet hatten, vor dem Reichstag vorlesen. Die Empörung war groß, der Bruch mit Frankreich total, der Weg für eine Verständigung mit Österreich freigelegt. Er wurde noch rasch mit Gold gepflastert. Botschafter Zierowski verteilte in Polen insgesamt 66.419 Gulden (umgerechnet etwa 3 Millionen Schilling), und er schickte der Hofkammer in Wien eine detaillierte Aufstellung. Die lange Liste blieb erhalten; sie nennt unter anderem den jüngeren und den älteren Grafen Potoczki mit 12.000 Gulden, den Kronmarschall Lubomirsky mit 7200 Gulden, den Schatzmeister von Litauen, Sappieha, mit 3600 Gulden, den Unter-Feldherrn Sianiawsky mit 3000 Gulden und Herrn Zaluski, den Kanzler der Königin, mit 1500 Gulden. Der Beichtvater des Königs, sein »Mathematicus« und sein »Secretariis« bekamen je 700 Gulden. Berittene Boten, Kammerdiener und Türsteher wurden mit 2 bis 8 Gulden bedacht, per saldo mit 150 Gulden.

Die Hofkammer hatte diesmal keine Einwände, und der Kaiser schrieb eigenhändig am Rand der Abrechnung: *Placet, Leopold**. Am 31. März 1683 wurde der Bündnisvertrag zwischen Österreich und Polen unterzeichnet. Am selben Tag brach das türkische Heer unter der Führung des Großwesirs Kara Mustafa in Richtung Westen auf.

* Genehmigt

Verhängnisvolle Schwächen

Schon die Zeitgenossen, darunter die Osmanen selbst, hatten die Kampfkraft der türkischen Armee stark übertrieben dargestellt; die dramatische Schilderung einer gigantischen Streitmacht, die das gesamte Abendland zu überfluten drohte, blieb dann, zumindest im deutschsprachigen Raum, dreihundert Jahre hindurch so gut wie unverändert gültig. Man hielt sich dabei an die absoluten Zahlen, und die sind zweifellos imposant, ja furchterregend, wenn auch keineswegs exakt; vor allem aber sagen sie über den Zustand, über die Einsatzbereitschaft und über den tatsächlichen strategischen und taktischen Wert des türkischen Heeres recht wenig aus.

Die Angaben über die Mannschaftsstärke der im Frühjahr 1683 unter das Kommando des Großwesirs Kara Mustafa gestellten Truppen schwanken zwischen 140.000 und 350.000. Die französischen Agenten in Istanbul meldeten Versailles die Ansammlung von mindestens 270.000 Soldaten, türkische Quellen sprachen von 400.000 bis 700.000 Streitern des wahren Glaubens. Sonderbotschafter Albert Graf Caprara, der das in und um Edirne konzentrierte Heer besichtigen konnte, schätzte es auf 160.000 Mann. Baron Kuniz, ebenfalls Augenzeuge in Edirne und wahrscheinlich der bessere Rechner, von hohen türkischen Würdenträgern, Gegnern des Großwesirs, mit verläßlichen Informationen beliefert, sprach von höchstens 140.000 Mann, von denen aber nur etwa 70.000 als ausgebildete Krieger bezeichnet werden konnten. Im 19. und im 20. Jahrhundert einigten sich die Historiker meist auf einen Mittelwert: Demnach soll Kara Mustafa eine Armee, die aus rund 200.000 Mann bestand, gegen Wien geführt haben. An Hand von türkischen Armee-Listen kann man jedoch feststellen, daß die Zahl der Berufssoldaten nur um die 50.000 betrug: 20.000 Janitscharen und 30.000 Mann der regulären Provinztruppen, Reiter, Kanoniere und Pioniere mit einberechnet. Der wesentlich größere Rest entfiel auf den Troß, auf Kutscher, Tragtierführer, Handwerker, Händler und auf die überwiegend berittenen, aber nur mangelhaft ausgerüsteten Hilfstruppen.

Feldmarschall Raimondo Montecuccoli (1609–1680), ein italienischer Edelmann im Dienste des Kaisers, Vater des stehenden österreichischen Heeres, ein besonnener, vorsichtiger Meister des Kriegshandwerks, der in seinem theoretischen Werk »Aforismi dell'arte bellica« (Bemerkungen über die Kriegskunst) der Nachwelt die berühmte Weisheit hinterließ: »Zum Kriegführen sind drei Dinge nötig, Geld, Geld und nochmals Geld«, stellte auch die strategische Maxime auf, daß eine Armee, die in einem Feldzug mit mehr als 50.000 Mann operiert, sich selbst durch ihre Größe behindere, mit Nachschub nicht ausreichend versorgt werden könne, einer einheitlichen Führung gesetzmäßig entgleite und somit mehr ein Risiko als einen Garant des erwünschten militärischen Erfolgs bedeute.

Montecuccoli hatte recht. Die gewaltige Streitmacht der Osmanen büßte einen beachtlichen Teil ihrer Kampfkraft durch ihre überdimensionierten Strukturen ein: Die Versorgung benötigte eine umfangreiche und komplizierte Organisation, die aber einen reibungslos funktionierenden Nachschub an Waffen, Munition, Lebensmitteln, Bekleidung und Schuhwerk nur kurzfristig, höchstens vier bis fünf Monate lang, sichern konnte. Schon die minimalen Ansprüche einer langsam dahinziehenden Menschenmasse, täglich mindestens zweimal zu essen, einen Liter sauberes Wasser zu trinken und eine halbwegs wetterfeste Unterkunft für die Nacht zu haben, bedeuteten oft ein kaum lösbares Problem; aber es mußten auch an die 200.000 Tiere mitgeführt werden, Pferde, Ochsen, Büffel und Kamele; sie brauchten 30.000 Zentner Futter und fast eine Million Liter Wasser pro Tag, und sie waren den Strapazen des langen Marsches weit weniger gewachsen als die Menschen: Die Ausfallquote der maroden und verendeten Tiere betrug noch vor den ersten Kampfhandlungen um die 35 Prozent. Allein der Transport der schweren Artillerie, ihrer Pulver- und Kugelvorräte, benötigte 12.000 von Ochsen, Büffeln oder Pferden gezogene Wagen. Die Länge der Marschkolonne erstreckte sich auf etwa 300 Kilometer; trotz der verzweifelten Bemühungen der Offiziere und der Tschauschen, der Feldgendarmen des türkischen Heeres, kam es immer wieder zu Stauungen, zu Unfällen und zu längeren Wartezeiten. Die Tagesleistung war dementsprechend gering: Die Armee konnte auch auf verhältnismäßig guten Straßen nur 14 bis 17 Kilometer bewältigen. Nach vier oder fünf Marschtagen mußte ein Ruhetag eingeschaltet werden. Und so bedeutete neben der zahlenmäßigen Größe des Heeres sein Aktionsradius das entscheidende, im Grunde unlösbare Problem.

Die verhängnisvollen Schwächen der türkischen Armee, wie ihre überforderte Logistik und ihre viel zu geringe Reichweite, gingen zum Teil auf die bereits erstarrten, religiös bedingten militärischen Traditionen des Osmanenreiches zurück. So mußte der heilige Krieg gegen die Ungläubigen, nachdem die »Trommel der Eroberung« im Palast des Sultans, im Serail am Bosporus, geschlagen und eine Anzahl Roßschweife in die Himmelsrichtung des geplanten Feldzuges ausgesteckt wurde, von Istanbul aus feierlich angetreten werden. In der Hauptstadt befanden sich auch die Arsenale und Depots der Armee. Die in Belgrad und später in Buda in Ungarn errichteten Stützpunkte waren für die Vorbereitung und Versorgung einer großangelegten Offensive unzulänglich. Die gesamte Ausrüstung und der Nachschub wurden daher immer wieder über eine Entfernung von mehr als 1500 Kilometern, bis Wien sogar über 1700 Kilometer, nach Westen geschleppt. Die Straßen auf dem Balkan und in der ungarischen Tiefebene waren jedoch stets in einem katastrophalen Zustand, und so verzögerte sich, vor allem wegen der Heranschaffung der schweren Artillerie, der ohnehin mühsame Aufmarsch bis zum eigentlichen Kampfgebiet beträchtlich. Im Winter konnte die Armee nicht aufbrechen, da die Strecke zwischen Filippopolis und Sofia, die über die tiefverschneiten, engen Pässe des Balkangebirges führte, bis Ende März, oft aber bis Mitte April als ein unüberwindbares Hindernis galt. Mehr als achtzig Prozent der Truppen, darunter auch die besten Kontingente aus Anatolien, Ägypten, Syrien und Kurdistan, an das heiße Klima des Orients gewöhnt, konnten aber in Mitteleuropa nur in den Sommermonaten eingesetzt werden, und so wurde jeder türkische Vorstoß gegen das Abendland letztlich zu einem mehr oder minder hoffnungslosen Wettlauf mit der Zeit. Wenn die oberste militärische Führung der Osmanen die durch Nebel, Schnee, Glatteis und Überschwemmung verursachten hohen Verluste im Aufmarschgebiet auf dem Balkan zu vermeiden trachtete, mußte sie sich für einen späten Aufbruchstermin, etwa um Anfang Mai, entscheiden.

Dann aber erreichte die Armee das ungarische Flachland in der größten Sommerhitze, wurde vom dichten Staub behindert, litt unter ständigem Wassermangel und mußte das Marschtempo erheblich verlangsamen. Die Folge war, daß sie erst gegen Mitte

August auf den Gegner traf, etwa ab Mitte September jedoch, wegen des schlechten Wetters nicht mehr voll kampffähig, den Feldzug abbrechen und sich beeilen mußte, noch vor Einbruch des Winters wieder daheim oder zumindest in der Nähe der größeren Stützpunkte Buda oder Belgrad zu sein. Damit schrumpfte ihr tatsächlicher Aktionsradius auf nicht ganz 1400 Kilometer zusammen. Dies erklärt auch, warum die Türken auf ungarischem Gebiet oft siegreich waren, weiter westlich aber keinen Erfolg mehr erringen konnten.

Im Jahre 1529, auf dem Höhepunkt der osmanischen Macht in Europa und mit einer der bestausgebildeten und -gerüsteten Armee der türkischen Geschichte, scheiterte Sultan Süleyman II. vor Wien, obwohl die Stadt damals nur veraltete Festungswerke und kaum zwei Meter dicke Mauern besaß. Er kam zu spät, die Belagerung begann erst am 27. September; die Tage waren schon zu kurz, die Nächte zu kalt, ein Dauerregen setzte ein, die Truppe fror erbärmlich und konnte nicht mehr ausreichend versorgt werden. Nach einem erfolglosen Sturmangriff am 14. Oktober befahl Süleyman II. den Rückzug. Der Fehlschlag, hundertfünfzig Jahre hindurch gleichsam als Schmach, aber auch als Herausforderung empfunden, ließ im Bewußtsein der türkischen Oberschicht tiefe Spuren zurück. Auch Kara Mustafa wußte über das Mißgeschick des großen Sultans Bescheid. Er drängte auf einen waghalsig frühen Aufbruch.

Ein selten milder Winter auf dem Balkan kam dem Großwesir zu Hilfe. Als das Heer sich am 31. März von Edirne aus auf den Weg machte, waren die Straßen, Pässe und Schluchten fast vollkommen schneefrei. Die Truppe konnte trotz einiger Regentage ein beachtliches Marschtempo halten. Sie erreichte Sofia bereits am 14. April. Kara Mustafa ließ allerdings das Gepäck rigoros reduzieren: Ein Teil des Artillerieparks blieb zurück. Der Großwesir verzichtete auf die Mitnahme der schweren Belagerungsgeschütze, der gefürchteten Balyemez, Kanonen vom Kaliber 20,8 cm, die pro Stück um die neun Tonnen wogen und nur zerlegt befördert werden konnten. Von den schweren Feldgeschützen, den Kolumbrinen, Kaliber 18,6 cm, deren Transport kaum weniger mühsam und zeitraubend war, führte die Armee nur neunzehn Stück mit (obwohl einunddreißig bereitstanden), dafür aber hundertzwanzig leichte Sahi-Geschütze vom Kaliber 2,8 cm, die, auf den Rücken von Kamelen befestigt, auch auf schlechten Straßen zügig vorankamen. Diese von den türkischen Chronisten später als fahrlässig und verhängnisvoll bezeichnete Zusammensetzung der Artillerie beweist auch, daß Kara Mustafa ursprünglich mit einer offenen Feldschlacht irgendwo auf habsburgisch-ungarischem Gebiet gerechnet hatte, mit einem Sieg freilich und danach mit der kampflosen Übergabe der zwei umstrittenen Festungen Györ und Komárom, nicht aber mit der Belagerung einer so großen und stark befestigten Stadt wie Wien.

Am 3. Mai befand sich das Heer schon in Belgrad, das die Türken Dar-ul-Dschidad, »Haus der Kriege für den Glauben«, nannten, weil es die letzte Absprungbasis für eine größere Operation im Westen war. Sultan Mehmed IV. begleitete beziehungsweise führte die Truppen bis zur weißen Stadt an der Donau, um sie hier dem nunmehr offiziell ernannten Serasker (Oberbefehlshaber), Kara Mustafa, feierlich zu übergeben. Warum Mehmed IV. die Strapazen des Marsches auf sich nahm, blieb bis zum heutigen Tag ungeklärt: Manche Kommentare sprechen davon, daß er sich gefürchtet hätte, Kara Mustafa würde mit dem Heer gar nicht nach Ungarn, sondern nach Istanbul gehen, um von dort die Absetzung des Sultans zu proklamieren; daher wollte er ihn mit dem Machtinstrument Armee auf türkischem Gebiet nicht allein lassen. Andere Zeitgenossen, in erster Linie türkische Chronisten, unterstreichen wiederum die demonstrative Auszeichnung des Großwesirs durch Begleitung und Verabschiedung, die alle Spannungen zwischen dem Herrscher und dem ersten Staatsmann des Osmanenreiches ausräumen sollte. Der Aufenthalt in Belgrad dauerte jedenfalls zu lang, insgesamt fünfundzwanzig Tage, angeblich, weil der Sultan noch immer unschlüssig über die möglichen Folgen des Krieges gegrübelt hätte und seine Armee nur schweren Herzens ziehen ließ.

Am 31. Mai lagerte das türkische Heer bei Esseg und wartete darauf, daß die alte Draubrücke überholt und verbreitert werden würde. Kuruzzenführer Imre Thököly, der nun scheinbar endgültig auf die türkische Karte setzte, erschien, um dem Großwesir zu huldigen und die Einzelheiten des Feldzuges mit ihm zu besprechen. Die Huldigung fiel gegenseitig aus, Kara Mustafa behandelte den jungen Grafen als den künftigen König von Ungarn. Thököly zeigte sich zuversichtlich; er versprach dem Großwesir, seine Landsleute im habsburgisch-ungarischen Gebiet würden, sobald die türkische Armee mit der Offensive beginne, zu den Waffen greifen, um die Osmanen und die Kuruzzen wirksam zu unterstützen. Noch während des Besuchs von Thököly in Esseg traf die Nachricht ein, daß österreichische Truppen die türkische Festung Neuhäusel (heute Nové Zámky in der Slowakei), dreißig Kilometer nördlich von Komárom, angegriffen haben, aber zurückgeschlagen wurden und nun gegen die weiter östlich liegende Grenzfestung Esztergom (Gran) marschierten. Der Kaiser hatte sich also doch für den Präventivkrieg entschieden und somit den Frieden von Vasvár formell gebrochen. Falls Kara Mustafa für sein Unternehmen noch einen völkerrechtlichen Vorwand gebraucht hätte, war er nun da: Die Christen haben die Feindseligkeiten eröffnet, den Osmanen blieb daher nichts anderes übrig als die massive Vorwärtsverteidigung.

Sonderbotschafter Albert Graf Caprara, in Begleitung des Großwesirs in Esseg nach wie vor äußerst höflich behandelt, wurde, da er seine Mission als gescheitert betrachtete, auf seinen Wunsch hin entlassen. Man schickte ihn unter militärischer Bedeckung nach Buda, von wo er dann, allerdings erst Mitte August, nach Österreich weiterreisen durfte. Er bekam sogar ein Taschengeld, 500 Asper Silbermünzen (umgerechnet etwa 3000 Schilling) pro Tag. Botschafter Kuniz mußte beim türkischen Heer bleiben; er war schon halb Gefangener, halb aber noch immer der geachtete Diplomat, ausreichend versorgt und von seiner eigenen Dienerschaft betreut. Seine Bewachung war keineswegs streng. Der tüchtige Baron, der immer wieder versuchte, über den Vormarsch der Türken Nachrichten nach Wien zu senden, bedeutete für Kara Mustafa zweifellos ein Sicherheitsrisiko. Der Großwesir wußte es, aber er unterschätzte Kuniz. Er bemühte sich sogar, ihn für die Weiterleitung manipulierter Informationen zu verwenden, und er hielt ihn in Reserve für den Fall, daß es mit dem Kaiser doch noch zu Verhandlungen kommen würde. So nahm Kuniz an der herzlichen Unterredung zwischen Kara Mustafa und Imre Thököly im Prunkzelt des Großwesirs teil. Er bekam seinen Kaffee, Sörbet, Rauchwerk und die üblichen Süßigkeiten, in der Hoffnung, er werde Wien bald melden, Thököly sei vollkommen umgefallen, ein verheerender Aufstand im habsburgischen Ungarn stünde unmittelbar bevor. Kuniz war skeptisch, er meldete nichts.

Auch Sonderbotschafter Caprara schätzte die Gefahr nicht allzu hoch ein: Er glaubte nicht, daß Thököly tatsächlich eine neue schlagkräftige Armee zusammentrommeln könnte, und er glaubte auch den im Lager von Esseg aufgetauchten Gerüchten, wonach Kara Mustafa gegen Wien ziehen wolle, nicht. Er lebte immerhin wochenlang mit dem türkischen Heer zusammen und merkte wohl, daß der Großwesir ohne schwere Artillerie unterwegs war. Er hielt von der Moral und Einsatzbereitschaft der Soldaten nicht viel: »Die Mannschaft ist nicht gut, die Kriegserfahrung fehlt. Dies ist um so leichter zu erklären, da auch die Janitscharen selbst Handel und Handwerk betreiben.«

Früher hatten sie ausschließlich das Kriegshandwerk betrieben. Die Idee, eine religiöse Bruderschaft anhangloser junger Männer zu einer Sondereinheit der türkischen Armee zu formen, stammte von dem als heiligen Mann verehrten Derwisch Hatschi Bektasch. Er war um das Jahr 1335 mit einem Vorschlag an Sultan Orchan herangetreten: Man solle die Christenknaben, die in die Hände der türkischen Krieger fallen, nicht wie bisher unbarmherzig erschlagen, sondern durch sorgfältige Schulung zu fanatischen Streitern des Islam ausbilden. Der Sultan stimmte zu. Das Elitekorps, eine kasernierte Infanterie, hoch besoldet, hart trainiert, moralisch integer, bekam einen recht einfachen Namen: *Yeni Tscheri,* die neue oder junge Truppe. Sie lebte in ihren Quartieren isoliert, jederzeit einsatzbereit, wurde spartanisch verpflegt und trug eine der Tracht der Bektasch-Derwische ähnliche Uniform in Blau-Weiß: vorn aufgeschürzte Dolmane, weite Beinkleider, leichte Lederschuhe und eine hohe Filzmütze. Ihre Ausrüstung im 17. Jahrhundert bestand aus für die damalige Zeit als modern geltenden Steinschloßflinten, die meist Frankreich geliefert hatte, aus dem berühmt-berüchtigten Krummsäbel, einem langen Messer, zwei Pistolen, einer Wasserflasche aus Kupfer oder Ziegenleder und einem Gebetsteppich. Die Mannschaft war in *Otas* (Bataillone) eingeteilt, die nach dem Vorbild der römischen Legionen eine Nummer und manchmal auch einen seltsam klingenden Traditionsnamen führten, wie im Heer Kara Mustafas die 64er »Hundewärter« und die 71er »Rüdenwärter«. Im Frieden waren die Janitscharen als eine Art von politischem Sicherheitsdienst die verläßlichen Stützen der Macht, im Krieg stellten sie die verwegene Stoßtruppe und die letzte Reserve der türkischen Armee. Zu Beginn des 17. Jahrhunderts, parallel mit dem Verfall des Osmanenreiches, wurden aber auch die Janitscharen immer schwieriger. Sie bildeten ein selbständiges Machtzentrum innerhalb des Staates, zettelten Revolten an, setzten Großwesire und

Sultane ab und weigerten sich, die Hauptstadt zu verlassen, in den Krieg zu ziehen, um irgendwo weit weg von den Fleischtöpfen der Tagespolitik verstümmelt oder getötet zu werden. Das Janitscharenkorps, das mit Kara Mustafa gegen Ungarn zog, gebärdete sich auch ziemlich launenhaft, pochte auf seine verschiedenen Sonderrechte und war dem Großwesir keineswegs freundlich gesinnt.

Die reguläre türkische Kavallerie hingegen zählte nach wie vor zu den treuesten, dem Sultan und dem Großwesir bedingungslos ergebenen Truppen: Sie bestand aus Spahis, freien Bauern, kleinen und mittleren Grundbesitzern, die ihre Felder von dem Herrscher erhalten hatten und dafür im Krieg Militärdienst leisten mußten. Sie waren keine Berufssoldaten, und dementsprechend war ihre Ausbildung, in erster Linie, was den Kampf in größeren Formationen betraf, mangelhaft; ihre Bewaffnung, die sie von zu Hause mitbrachten, veraltet: Säbel, Lanze, türkische Pistole, Streitaxt und Morgenstern. Die Lücken ihrer Ausbildung, die fehlende Erfahrung in gemeinsamen Manövern, ersetzten die Spahis durch Mut; im Falle eines einfachen Frontalangriffs brachte ihre tollkühne Reiterattacke meist einen durchschlagenden Erfolg.

Nach der Lehre des Islam war der im Kampf gegen die Ungläubigen gefallene Krieger Blutzeuge des wahren Glaubens und ging unmittelbar nach seinem Tod in das Paradies ein, in eine heitere, farbenfrohe Ewigkeit, in der er, von einer üppigen Vegetation und von kristallklaren Quellen und Springbrunnen umgeben, von Huris, von wunderschönen willigen Mädchen, betreut wurde. (Der christliche Soldat mußte zumindest mit dem Fegefeuer rechnen, und sein Himmel war, von geschlechtslosen Engeln bevölkert, ungleich reizloser als das märchenhaft-poetische, mit erotischen Komponenten durchsetzte Jenseits des gefallenen Muslim.) So war die Kampfmoral der strenggläubigen Krieger recht hoch, denn viele von ihnen fürchteten den Tod tatsächlich nicht und warfen sich ungestüm und blindlings auf den Feind, was aber ihre Führung erschwerte und letztlich auch zur taktischen Schwäche des türkischen Heeres beitrug.

Die Gebote des Islam sorgten für eine vorbildliche Disziplin der Kerntruppe, bestimmten die Verhaltensweise der Janitscharen und Spahis und zum Teil der regulären Provinztruppen, soweit sie die Gesetze des Propheten Mohammed ernst nahmen. Während des Aufmarsches in türkischen oder von den Türken besetzten Gebieten, so auch in der ungarischen Tiefebene und in der Gegend rund um den Plattensee, waren Gewaltanwendung gegen die Zivilbevölkerung und Plünderungen streng verboten; requirierte Lebensmittel und Vieh mußten bezahlt werden. Die Tschauschen wachten sogar über die bestellten Felder entlang der Marschroute. Wer Saat zertrampelte oder sein Pferd in einem Gemüsegarten weiden ließ, wurde durch Stockhiebe bestraft. Im Feindesland änderte sich die Lage allerdings abrupt, die Zerstörung der Häuser, die Verbrennung der Ernte, die brutale Behandlung der wehrlosen Bevölkerung waren traditionelle Elemente der türkischen Strategie, Mittel zur Einschüchterung und Demoralisierung des Gegners.

»Sengend, mordend und vergewaltigend« fielen die Türken in die christlichen Länder ein, heißt die zum Klischee erstarrte Formel in der deutschsprachigen Geschichtsschreibung. Auch Spanier, Franzosen, Deutsche und Russen haben jahrhundertelang dasselbe getan, denn dies gehört anscheinend zum Wesen des Krieges, zur Psychologie einer bewaffneten Menschenmenge, die, den Tod stets vor Augen, in einer Extremsituation Irrsin nach Plan vollzieht. Gewiß haben die Türken die Dörfer in Brand gesteckt, die Gehöfte geplündert, Bürger und Bauern getötet oder verschleppt; was jedoch die Jagd auf Frauen betrifft, so hielten sie sich, vor allem die Elitetruppen, sicherlich zurück. Ein beachtlicher Teil der Janitscharen war, durch Erziehung und durch die besonderen Lebensumstände des Korps, homosexuell veranlagt, was die Obrigkeit eher gefördert als bekämpft hatte. Aber auch die Spahis und die Soldaten der regulären Provinztrupppen taten sich in Sachen Vergewaltigung nicht übermäßig hervor – jedenfalls beschreiben die zeitgenössischen Berichte, vielleicht aus Scham, vielleicht aus Anstand, keinen konkreten Fall. Für einen strenggläubigen Muslim, dem das islamische Gesetz die Gewaltanwendung gegen Frauen ohnehin ausdrücklich verbot, war eine christliche Frau, eine Bäuerin in Westungarn oder in Niederösterreich, mehr oder minder eine abstoßende Erscheinung: Sie hatte ja ihr dichtes Schamhaar, für einen Türken ein Graus (die Frau im Orient mußte sich sorgfältigst rasieren); sie war meist ungewaschen und roch keineswegs nach den für die Frauen in den mohammedanischen Ländern unerläßlichen Duftstoffen, ätherischen Ölen und Blumenextrakten. Die Muslime, auch die primitivsten, waren, was die körperliche Sauberkeit anbelangt, besonders heikel; schon der namhafte deutsche Geschichtsschreiber Otto von Freising, Bischof in Bayern, vermerkt zu Beginn des 12. Jahrhunderts in seiner »Chronica« erstaunt, daß die Mohammedaner sogar die »geheimen Teile des Körpers« täglich waschen. Im Gegenzug berichtet Sidi Ibrahim ben Achmed at Tartussi, Gesandter des Kalifen Al Hakam II., nach einer Reise in den deutschen Ländern nicht minder erstaunt: »Sie waschen sich nur ein- oder zweimal im Jahr mit kaltem Wasser.«

Vergewaltigt wurden die Frauen im Kampfgebiet vermutlich eher selten; sie wurden aber, meist von den berittenen Hilfstruppen, aufgespürt, zusammengetrieben und verschleppt, um entweder den Offizieren und Soldaten des Heeres oder den überwiegend armenischen Sklavenhändlern, die mit dem Troß mitfuhren, verkauft zu werden. Der Menschenhandel war, noch gegen Ende des 17. Jahrhunderts, im Orient ein legitimer Wirtschaftszweig; und auch nach gründlicher Suche in den türkischen Quellen findet man nichts, was das scheußliche Geschäft in irgendeiner Hinsicht entschuldigen könnte. Denn das Argument, die verschleppten Frauen hätten als Lustobjekt in einem Harem einen viel höheren Lebensstandard, ein bedeutend angenehmeres Dasein, als sie, Weiber von bettelarmen, hörigen Bauern, unterdrückte Arbeitstiere, in einem christlichen Dorf, jemals hatten, kann man nur bedingt gelten lassen. Der Verlust der Familie, der vertrauten Umgebung, war gewiß ein fürchterlicher Schlag, der lange Transportweg bis zum Sklavenmarkt und zum Harem eine qualvolle Reise. Daß die Türken die Brustwarzen der gefangenen Frauen durchbohrten, durch die Wunde einen dünnen Riemen zogen und die Unglücklichen so aneinander und an das Pferd eines Kriegers gebunden in das Hinterland abführten, wie es in den zeitgenössischen Berichten wiederholt geschildert wird, entspricht jedoch den Tatsachen sicherlich nicht. Eine Frau mit beschädigtem Busen war nichts wert. Die Händler, die darauf achteten, die Ware in möglichst gutem Zustand zu erhalten, hätten da vermutlich wild protestiert.

Greuelpropaganda gab es auf beiden Seiten: Die zeitgenössischen Chroniken und Flugschriften wimmeln von gebratenen und aufgespießten Säuglingen, von zerstückelten oder enthäuteten türkischen Kriegern und entmannten und geblendeten christlichen Soldaten. Zweifellos wurde der Kampf, durch die religiösen, das heißt ideologischen Gegensätze noch verschärft, mit grausamer Härte und perverser Brutalität geführt. In manchen Fällen hatten die Horrorgeschichten in der Tat die Wahrheit nacherzählt, zumeist dann, wenn sie über die Tataren, die irregulären Hilfstruppen des Großwesirs, berichteten.

Die Osmanen nannten sie *Akinci,* Sturmreiter, die christlichen Chronisten »Renner und Brenner«. Sie kamen aus der Gegend der unter türkischer Oberhoheit stehenden Halbinsel Krim, waren daheim Viehzüchter und Obstbauern; als Nebenerwerb betrieben sie, falls sie dazu Gelegenheit hatten, den bewaffneten Raub. Im Zeitalter der schon verbesserten Feuerwaffen, vor denen sie große Angst hatten, sank jedoch der militärische Wert ihrer Reiterscharen rapid: Im ausgehenden 17. Jahrhundert verursachten sie dem Heer, dem sie nur lose angehörten, im Endeffekt mehr Schaden, als sie ihm noch Nutzen brachten. Sie waren ursprünglich als schnelle Fernaufklärer eingesetzt, aber auch als fliegende Terrorkommandos, die Angst und Schrecken verbreiten, die Widerstandskraft der Bevölkerung paralysieren sollten. Doch als Spähtrupp waren sie unverläßlich, denn sie konnten weder Karten lesen noch zahlenmäßig präzise Angaben machen; sie hielten sich selten an die ihnen vorgeschriebene Route, und wenn es eine Möglichkeit gab, irgendwo ausgiebig zu plündern, brachen sie die Operation, mit der die Armeeführung sie beauftragt hatte, einfach ab. Bewaffnet waren sie mit Pfeil und Bogen, mit Säbel, Lanze und Peitsche, trugen aber keine Uniform, erhielten auch keine Verpflegung und keinen Sold, mußten sich während des Feldzuges selber versorgen, und so wurden sie letztlich zu einer schweren Belastung für die eigene Armee, die in der von den Tataren verwüsteten Umgebung der feindlichen Ziele bald keine Nahrung und kein Futter mehr fand. Auch die Disziplin der Kerntruppen litt unter dem planlosen Einsatz der Sturmreiter: Die Janitscharen murrten, sie weigerten sich sogar, mühsame Schanzarbeiten zu verrichten, während die von ihnen verachteten Reiterhorden auf dem flachen Land ohne Risiko nach Beute jagten.

Die latente Spannung zwischen den türkischen Soldaten und den Akinci hatte auch religiös bedingte Ursachen: Die Tataren deklarierten sich zwar als Mohammedaner, waren aber keine strenggläubigen Muslime. Sie beachteten, ja sie kannten die Gesetze des Korans nicht; im Grunde waren sie Heiden, die noch dem alten Schamanenkult ihrer Ahnen nachhingen. Sie beteten nicht, sie wuschen sich nicht, und wenn sie Hunger hatten, verspeisten sie bedenkenlos auch verendete Pferde oder Schweine.

Ihre Teilnahme an einem Feldzug gegen die Giauren, die Ungläubigen, war Sache der unantastbaren Tradition, zählte aber auch zu den folgenschweren taktischen und strategischen Schwächen der türkischen Kriegführung. Kara Mustafa, der sie in den Feldzügen gegen die Polen und die Russen gründlich kennengelernt hatte, liebte sie nicht; die Animosität zwischen ihm und ihrem Anführer, dem Tatarenkhan Murad Ghirey, wuchs von Tag zu Tag. Die Renner und Brenner, etwa 30.000 Mann, ritten in ungeordneten Haufen über die Karpatenpässe nach Ost- und Mittelungarn, wo sie sich bereits wie im Feindesland aufführten, und schlossen sich am 26. Juni in unmittelbarer Nähe der Stadt Székesfehérvár (Stuhlweißenburg), nördlich vom Plattensee, dem türkischen Heer an. Schon am selben Abend gab es Unstimmigkeiten. Kara Mustafa hielt Kriegsrat und sprach dabei das erste Mal offen darüber, daß er, falls der Widerstand der Kaiserlichen sich als gering erweisen sollte, gegen Wien marschieren werde.

Khan Murad Ghirey protestierte. Bei der Belagerung einer Großstadt hätten die Tataren nur eine untergeordnete Rolle; bei der Plünderung nach dem Sieg würden sie von den Elitetruppen unsanft abgedrängt werden und am Ende leer ausgehen. Aber auch der alte Ibrahim Pascha, Kommandant der Festung Buda, der sich im Grenzgebiet am besten auskannte und über Wien die meisten zutreffenden Informationen hatte, riet ab: Falls man das schwierige Unternehmen überhaupt wagen sollte, müßte die Armee vorerst im türkisch-ungarischen Gebiet überwintern, die schwere Artillerie nachschicken lassen und den Feldzug erst etwa Anfang Mai des kommenden Jahres, aus einer Entfernung von nur zwanzig Tagesmärschen (250 Kilometer), eröffnen. Ahmed Pascha, der Beglerbeg (Gouverneur) von Temesvár, und Sari Hüseyin Pascha, Oberbefehlshaber der syrischen Provinztruppen, baten den Großwesir ebenfalls, den allzu hastig gefaßten Plan zu überdenken. Kara Mustafa zeigte sich verstimmt, verkündete aber keine endgültige Entscheidung.

Am 29. Juni betrat das Heer habsburgisch-ungarischen Boden. Das Benediktinerstift Pannonhalma (Martinsberg), nordwestlich vom Plattensee, wurde besetzt, geplündert und in Brand gesteckt. Am 1. Juli standen die Türken vor der Festung und Stadt Györ, am rechten Ufer des Flusses Raab, in Sichtweite der österreichischen Armee. Es wurde geschossen, die Vorposten hatten bereits Feindberührung.

Die Armee des Kaisers

Die Armee des Kaisers, dem türkischen Heer zahlenmäßig weit unterlegen, vorerst noch unsicher geführt und nur mangelhaft versorgt, zog sich am 2. Juli, nach einem kurzen Gefecht vor den Mauern von Györ (Raab), 120 Kilometer östlich von Wien, in Richtung Preßburg und Hainburg zurück. Die Angaben über die Mannschaftsstärke stimmen diesmal genau; in Österreich gab es bereits eine verläßliche Bürokratie, die zwar langsam und umständlich, aber mit hingebungsvoller Akribie arbeitete: Jeder Mann, jedes Pferd, Geschütz, Fuhrwerk und Gerät schienen in den vielfach ausgefertigten, voneinander auch im kleinsten Detail nicht abweichenden Verzeichnissen auf. Demnach inspizierten Leopold I. und sein Hofstaat am 6. Mai bei Kittsee, sieben Kilometer südwestlich von Preßburg, eine Streitmacht, die aus 21.600 Mann Infanterie, 10.800 Mann Kavallerie, 56 Geschützen, 100 von je vier Pferden gezogenen Proviantwagen, 30 ebenfalls von je vier Pferden gezogenen Munitionswagen, 30 von je vier Ochsen gezogenen Gerätewagen (Pontons, künstliche Hindernisse usw.) und 600 Hand- und Reservepferden bestand. Als Oberbefehlshaber der Armee begrüßte die allerhöchste Majestät und die zur Parade versammelten Nobilitäten Generalleutnant Herzog Karl V. von Lothringen und Bar, der sich übrigens niemals Karl, sondern stets und hartnäckig Carolus genannt hatte.

Er war ein typisch österreichischer Antiheld, ein zufällig in Wien geborener Zugereister, der die Stadt schon als Kind verließ und erst im Alter von zwanzig Jahren, vom Sonnenkönig Louis XIV., der sich seines Herzogtums Lothringen bemächtigt hatte, verfolgt, über Paris, Florenz, Rom und München nach Österreich zurückkam, in ein schon damals bevorzugtes Asylland, wo man bessere Ausländer gerne aufnahm und zur Karriere zuließ.

Carolus, von einem hochgebildeten Aristokraten, einem Emigranten aus Lothringen, Marquis Henri de Beaveau, erzogen, sprach und korrespondierte zeit seines Lebens am liebsten Französisch; Deutsch eher selten, mit Akzent und Fehlern. Weil er von schwächlicher körperlicher Konstitution und im Gesicht von Pockennarben entstellt war, hatte seine Familie ihn zunächst für die geistliche Laufbahn bestimmt. Als sein älterer Bruder, Ferdinand, im Jahr 1658 starb, wurde er zum Erbprinzen des verlorenen Herzogtums, und man steckte ihn unter die Soldaten: Das Handwerk Krieg sollte seinen Einstieg in die hohe Politik vorbereiten. Der junge Lothringer lernte bei Raimondo Montecuccoli Strategie und Taktik und nicht zuletzt die wesentlichen Elemente einer charakteristisch österreichischen Kriegführung: langsam und umsichtig manövrieren, mit Leben und Blut der Truppe möglichst sparen, abwarten können, den Feind lieber verwirren und ermüden, als ihn in einer verlust- und risikoreichen Schlacht entscheidend zu schlagen. In der hohen Politik nützte das theoretische und praktische Wissen des braven Soldaten Carolus dann anscheinend doch nichts; er hatte keinen Erfolg. Die Hoffnung, daß er sein Herzogtum mit Hilfe des Hauses Habsburg zurückerobern könnte, schwand allmählich. Der Versuch, die polnische Krone zu erlangen, schlug kläglich fehl. Nach unglücklichen Liebschaften und einer kurzen, gescheiterten Ehe in Paris amüsierte sich der keineswegs schneidige Offizier, von Leopold I. sehr wohlwollend protegiert, mit Kartenspiel, einer Leidenschaft, die, laut eines vertraulichen Berichts des venetianischen Botschafters in Wien, »bei Hofe bereits Bedenken errege«. Er liebte auch die Hetzjagd, die er nach französischem Vorbild in der guten Gesellschaft von Wien populär machte. Und man schätzte ihn auf den zahlreichen Bällen der Haupt- und Residenzstadt als einen ebenso graziösen wie unermüdlichen Tänzer. Dennoch war er oft krank, er hatte meist geheimnisvolle, vermutlich psychosomatische Leiden, von denen ihn der italienische Kapuzinerpater Marco d'Aviano ohne jegliche Arzneien, nur durch Zureden und Gebet, wiederholt wundersam heilen konnte.

Im Februar 1678 heiratete er seine große Liebe, Eleonora, die Witwe des polnischen Wahlkönigs Michail Koribut─Wisniowiecki, eine Stiefschwester des Kaisers, lebte als Statthalter von Tirol in Innsbruck und war auf dem besten Weg, im Gedächtnis der Nachwelt auch nicht die flüchtigsten Spuren zu hinterlassen. Doch als Kara Mustafa gegen Ungarn zog, bestellte Leopold I., der seine Armee keinem Haudegen, aber auch keinem vergreisten Marschall anvertrauen wollte, überraschend den kränkelnden Lothringer, der gerade an einer vermeintlichen Lungeninfektion laborierte, zum Oberkommandierenden des kaiserlichen Heeres. Widerstand regte sich gleich, führende Politiker und Militärs in Wien bezweifelten die Richtigkeit der allerhöchsten Entscheidung. Markgraf Hermann von Baden, Präsident des Hofkriegsrates (die Position entsprach der eines Kriegsministers), begann sofort mit der noblen Wadenbeißerei: Carolus sei, mit nur knapp vierzig Jahren, zu jung, zu unerfahren, seine Gesundheit schwer angegriffen. Als dann die Armee nach der Heerschau bei Kittsee mit der im Grunde sinnlosen Offensive im türkisch-ungarischen Grenzgebiet begann, war auch der Kaiser verunsichert. »Man hört hier nichts als Vorwürfe gegen Lothringen«, notierte am 12. Juni Alvise Contarini, Venedigs Botschafter in Wien.

Aber auch der Lothringer sparte mit Vorwürfen nicht. Denn die Armee, mit der er die schier unmögliche Aufgabe zu bewältigen hatte, die Türken zu schlagen, war zunächst in recht desolatem Zustand. Ernst Graf Rüdiger von Starhemberg schrieb in einem Brief an seinen Vetter Gundakar über sein Regiment Alt-Starhemberg: »Die Leute gehen barfuß, ohne Schuhe, und so das ganze Merc'sche Corpo, von welchem die bevorstehende Campagnia wenig wird zu brauchen sein.« Im Nachschubwesen herrschten Verwirrung, Schlamperei und Korruption, der Troß mancher Einheiten hatte kaum mehr einen militärischen Anstrich. Als das Regiment Scherffenberg von Oberungarn in Richtung Westen aufbrach, um sich im österreichischen Grenzgebiet der Armee des Kaisers anzuschließen, zogen hinter den Soldaten an die zweitausend Diener, Händler, Frauen und Kinder mit; auf den dreihundert Bagagewagen wurde meist Gerümpel, die persönliche Habe der Offiziere, Unteroffiziere und ihrer kunterbunten ständigen Begleitung, befördert, dafür aber nur wenig Munition und Proviant.

Schießpulver, Blei, Mehl, Brot, Fleisch und Hafer für die Pferde versickerten oft im undurchsichtigen Amtsbereich der Proviantoffiziere, die dabei beachtliche Nebeneinkünfte in ihre Tasche steckten, was anscheinend als ein alltägliches Kavaliersdelikt galt. Ein Feldkriegs-Zahlamtsverwalter namens Schweiger, der in drei Jahren 30.000 Gulden ersparen konnte, obwohl »vorher nichts gehabt«, meinte, als er vom Hofkriegs-Zahlmeisteramt wegen fehlender Abrechnungen und offensichtlich gefälschter Belege befragt wurde: »Falsche Handschrift und Petschaft seien nichts Neues, man gebrauche sich deren bei dem Bauamt ebenmäßig.« Die Antwort schien die hohe Behörde vollauf befriedigt zu haben, denn Proviantoffizier Schweiger kam mit einer Geldstrafe davon, blieb aber im Dienst, ja man hatte ihn bald befördert. Es heißt im amtlichen Bericht, er wurde »zu einem Controlor über alle andere Proviantenverwalter der hungarischen Grenze bestellt«.

Verschwand der für die Verpflegung der Truppe vorgeschriebene Proviant (1000 g Brot, 500 g Fleisch, 2,8 Liter Bier oder 0,7 Liter Wein pro Kopf und pro Tag) in dunklen Kanälen, auf dem schwarzen Markt oder tauchte gleich fünf- oder zehnfach in der Abrechnung auf, so ging das Geld für die Auszahlung der Soldatengehälter von der zentralen Finanzstelle in Wien in Richtung Bestimmungsort oft gar nicht ab. Graf Starhemberg bat Anfang 1683 mehrere Male um den ausgebliebenen Sold: Sein Regiment habe seit sieben Monaten keinen Kreuzer mehr gesehen. Ende März ersuchten vier hohe Offiziere, die Generaladjutanten von Pillentiz, de Tourgis, von Kumberg und von Scheer, die Hofkammer, ihnen den rückständigen Sold wenigstens für die Monate August bis November des vergangenen Jahres nachzuschicken. Kam das Geld nicht, und es kam meistens nicht, mußte die Truppe zur Selbsthilfe greifen. Der christliche Soldat plünderte im eigenen Land, im habsburgischen Ungarn, aber auch im Vorfeld der Haupt- und Residenzstadt Wien. Fürst Paul Esterházy, Palatin (Vizekönig) von Ungarn, der mit seinen Reitern die Waag-Linie zu sichern hatte, schrieb an Leopold I. in einem Brief aus dem Feldlager: »Die Mannschaft von jenseits der Donau, die sich hier befand, ist zurückgegangen, denn ihre eigene Heimat steht in Flammen und wird in Grund verwüstet, teilweise durch den Feind, teilweise durch die Truppen Eurer geheiligsten Majestät.« Pater Bernardus, Hofmeister des Melker Hofes in Wien, berichtet in einem Schreiben an seinen Abt: »Unsere Reiter halten sich in den Vorstädten so frisch, daß fast kein Haus vor denselben sicher ist, in welches sie nicht unterstehen einzubrechen; erst vor etlichen Tagen haben sie den Landmarschall Mill zu Mundtendorf beraubt. Desgleichen habe ich auch jetzt vernommen, daß dies in unserer Wienerstadt von den kroatischen Reitern geschehen sei.«

Proteste halfen nichts, der Pater stellt resigniert fest: »Denn wiewohl man sich öfters bei dem Herzog von Lothringen beklagt hat, hat er allezeit zur Antwort gegeben, er könne solches den Soldaten nicht verbieten, da sie es nötig hätten.« Sie hatten es vermutlich auch nötig, Frauen zu jagen. Die Landbevölkerung empörte sich immer wieder über die Schandtaten der eigenen Leute, die sie, anstatt sie gegen die bösen Türken und Tataren zu schützen, mit ihrer sündhaften Begierde drangsalierten. Doch Berufssoldaten sind keine Mönche, und ihnen wurde soeben verboten, Weiber für den eigenen Bedarf im Troß mitreisen zu lassen. Denn Carolus, zwar vergrämt und enttäuscht, aber keineswegs bereit, nachzugeben, griff, wo er nur konnte, hart durch. Am 17. April 1683 erging an die Einheiten der kaiserlichen Armee der Befehl, sich von den mitziehenden Weibspersonen unverzüglich zu trennen. Nur höhere Offiziere, vom Fähnrich aufwärts, durften eine »Köchin« behalten. Die Zahl der Bagagewagen wurde pro Kompanie auf vier Fuhrwerke reduziert. Für die Sanierung des Nachschub- und Proviantwesens hatte man eine Kommission eingesetzt, der es auch gelang, noch vor Beginn der Kampfhandlungen einigermaßen Ordnung zu schaffen. Im türkischen Heer gab es eine gut ausgebildete Pioniertruppe, in der österreichischen Armee war sie zunächst unbekannt. Man beschloß, eine »Ingenieur-Companie« aus einhundert Facharbeitern aufzustellen. Dabei kam es zu einer Groteske: Der kommandierende Leutnant der neuen Truppe, Franz Silberbauer, entpuppte sich als ein bereits seit Jahren gesuchter, äußerst begabter Geldfälscher und wurde »gefänglich eingezogen«. Fünf Minuten vor zwölf standen dem Heer dann doch fünfzig Pioniere zur Verfügung. Sie marschierten unter dem Kommando eines Obristleutnants von Hohen in den Krieg.

Der Herzog von Lothringen führte auch eine neue Waffe in der österreichischen Armee ein, das Bajonett, ein in der französischen Stadt Bayonne erfundenes wirksames Mordinstrument, das neben der Laufmündung des Gewehrs befestigte lange Messer, das aus einer Waffe zwei machte: Nach dem abgegebenen Schuß konnte der Soldat mit gefälltem Bajonett kämpfen und die Stoßwaffe dann, ohne langwieriges Hantieren, wieder als Schußwaffe benützen. Das erste Mal tauchte das Bajonett bei der Parade von Kittsee auf, schien aber, vermutlich, weil der Verschluß noch unzulänglich war, nicht verläßlich zu funktionieren. Der Botschafter der Republik Venedig, Contarini, verfaßte darüber eine vertrauliche Meldung, in der er amüsiert erzählt, daß bei den vorgeführten Schießübungen sich etliche Messer von den Gewehren gelöst hätten und dicht vor den Nasen der hochgestellten Persönlichkeiten herumgeflogen wären.

Die Bewaffnung der österreichischen Infanterie bestand im

Sommer 1683 aus leichten Musketen mit einer Reichweite von etwa dreihundert Schritten, aus kurzen Stoßdegen, teilweise aus Pistolen und Hellebarden. In einer Kompanie von 188 Mann dienten auch acht Grenadiere, Elitesoldaten, die mit Schwarzpulver gefüllte, zwei Kilogramm schwere Handgranaten aus Gußeisen oder Glas geworfen haben. Vor dem Wurf mußten sie eine gut abgedichtete Lunte in einer kleinen Öffnung der Granate zünden, und dies erforderte mitten im Kampfgetümmel wirklich gute Nerven und eine ruhige Hand. Wurde die Ledertasche, in der der Grenadier seine acht bis zwölf kugelförmigen Wurfgeschosse mitschleppte, getroffen, flog er mit der gesamten Ladung in die Luft.

Die schwere Reiterei bildeten die Kürassiere. Sie saßen auf kräftigen, aber langsamen Pferden, die meist von der Landwirtschaft übernommen wurden und mit denen eine Attacke nur im Trab, aber niemals im schnellen Galopp geritten werden konnte. Dabei blieb die Truppe in einer Entfernung von nur dreißig Metern vor der feindlichen Linie kurz stehen, um gezielte Schüsse abzugeben, was sich aber immer wieder als ein verhängnisvoller taktischer Fehler erwies. Denn die Reiter mußten, nun zur Zielscheibe des Gegners geworden, wieder zum Trab ansetzen, aber der ohnehin geringe Schwung des Angriffes (die Türken ritten ihn stets im wilden Galopp) war fast vollkommen dahin. Die Kürassiere trugen einen mit eisernen Nasen-, Wangen- und Nackenschutz versehenen runden Helm, einen Brust- und Rückenpanzer und waren mit einem langen, geraden Schwert, mit einem kurzen Karabiner und zwei Pistolen ausgerüstet. Die Dragoner saßen auf leichten Pferden. Sie hatten keine Panzerung, ihre Bewaffnung bestand aus einem Kavalleriesäbel, einem Karabiner und zwei Pistolen. Sie waren eigentlich berittene Infanteristen, Mehrzwecksoldaten, auch für den Kampf zu Fuß und in einer Festung ausgebildet.

Die Organisation der österreichischen Armee war im Sommer 1683 bereits bedeutend moderner, straffer und übersichtlicher als die der türkischen Streitmacht. Es war ein stehendes Heer, in Regimenter und Kompanien, bei der Kavallerie in Eskadronen eingeteilt; jedes Regiment (Soll-Stärke: 2051 Mann) führte eine eigene Artillerie, vier leichte Geschütze vom Kaliber 8 cm und eine Feldapotheke mit; jede Kompanie hatte einen Feldscher und einen Kompanieschreiber. Die Mannschaft setzte sich aus geworbenen Berufssoldaten zusammen, die der Armee freiwillig beitraten und gegen Bezahlung lebenslang beziehungsweise bis zu ihrer schweren Verwundung dienten. Die ideologische Motivation spielte bei ihnen eine viel geringere Rolle als bei den Kriegern des türkischen Heeres. Die bekannte Parole »Für Gott, Kaiser und Vaterland« ließ sie im Grunde kalt; vom Patriotismus hatten sie nur eine vage Vorstellung. Sie waren aber im Kampf und auf dem Marsch den türkischen Soldaten durch ihre oft jahrzehntelange Erfahrung auf den verschiedenen Kriegsschauplätzen Europas eindeutig überlegen. Denn sie waren, um einen modernen Ausdruck zu gebrauchen, alte Frontschweine, hart und zynisch, von der christlichen Nächstenliebe nicht im geringsten beeinträchtigt. Der Staat hat sie verhältnismäßig gut entlohnt (falls er gerade Geld in seiner Kasse hatte), Berufssoldaten verdienten wesentlich mehr als ein Handwerkergeselle oder ein Bauer. Ein Leutnant bekam bei freier Verpflegung und freiem Quartier 120 Gulden pro Monat, ein Unteroffizier 80 Gulden, ein gemeiner Soldat 35 Gulden; es gab im Krieg auch Zulagen, Sonderauszahlungen und die oft beträchtlichen Einnahmen aus der Verwertung der Beute.

Die Bekleidung stellte das Regiment zur Verfügung, eine einheitliche Uniform für die ganze Armee gab es noch nicht (sie wurde in Österreich erst 1701 eingeführt). Farbe, Schnitt und Qualität des Tuches waren verschieden, die einzelnen Kleidungsstücke und das Schuhwerk sowohl für den Kampf als auch für den Marsch nicht besonders geeignet, im Hochsommer meist zu heiß, im strengen Winter zu kalt, im Gelände schon von weitem sichtbar. Seine persönliche Habe trug der Soldat teils in Beuteln, Ranzen und Taschen mit sich, teils ließ er sie auf einem der Bagagewagen, die stets streng bewacht waren, mitfahren. Ging eine mit dem Bild der Muttergottes geschmückte Fahne verloren, war dies zwar eine Schande für das Regiment, aber sicherlich bedeutete es noch keine Katastrophe; bemächtigte sich der Feind aber der Bagagewagen, brach für den christlichen Soldaten die Welt zusammen: Er büßte ja das kleine Vermögen, das er jahrelang oft unter Lebensgefahr mühsam zusammengetragen hatte, im Handumdrehen ein.

Verpflegt wurde die Armee nach französischem Muster aus Magazinen, die mit allen notwendigen Materialien, vom Schießpulver über Salz, Tuch, Stiefel und Verbandzeug, zu füllen Pflicht und Geschäft des Obersten Kriegsfacktors war, eines Privatunternehmens mit fabelhaftem Organisationstalent und weitverzweigten internationalen Beziehungen, des amtlich zugelassenen Hofjuden, Samuel Oppenheimer, eines nach Wien eingewanderten Bankiers aus Worms. Da gab es allerdings eine unvorhergesehene Panne: Oppenheimer saß seit dem 1. Januar 1683 im Gefängnis. Die Umstände seiner Verhaftung waren unklar, eine Anklage hat man offiziell nicht gegen ihn erhoben. Sein Haus wurde geplündert, wobei seine Geschäftsbücher mit der langen Liste der kaiserlichen Schulden in Flammen aufgingen. Doch nicht zuletzt auf Druck des Hofkriegsrates und der Generalität ließ Leopold I. rechtzeitig Gnade walten: Oppenheimer kam Ende Mai gegen eine »Kaution« von einer halben Million Gulden frei und setzte die für ihn sicherlich recht ertragreiche Belieferung der Armee energisch fort.

Durch das neu eingeführte Magazinsystem, durch die Anlegung von Depots in einem Umkreis von je fünf Tagesmärschen, und nicht zuletzt durch die verläßliche Arbeit Oppenheimers konnte die Troßmeute in eine geordnete, bewegliche Traintruppe umgewandelt werden, wenn auch die Chroniken nahezu einhellig berichten, daß die Regimenter weiterhin von zahlreichen Dirnen begleitet worden wären. Manche von ihnen reisten sogar hoch zu Roß, aber nicht mehr von der Armee verpflegt und unentgeltlich in die Quartiere eingewiesen, sondern auf eigene Kosten und in größerem Abstand von der Nachhut entfernt. Sie mußten sich allerdings beeilen, denn das Marschtempo der kaiserlichen Truppen nahm unter dem Kommando des Herzogs von Lothringen erheblich zu: Die Infanterie bewältigte pro Tag eine Strecke von 22 bis 25 Kilometern, die Kavallerie von 30 bis 40 Kilometern. Die Armee des Kaisers bewegte sich nun fast doppelt so schnell wie das türkische Heer, das nach dem Gefecht vor der Festung Györ den Kontakt mit den rasch zurückgehenden Österreichern vollständig verlor.

Selbstsicher gegen Wien

Tagelang wissen die Türken nicht, wo sich die Truppen Carolus' befinden. Die Tataren galoppieren planlos durch die Gegend, sie überfallen die ungarischen Dörfer östlich des Neusiedler Sees, liefern aber über den Feind keine brauchbaren Informationen. Kara Mustafa glaubt, die Armee des Kaisers flute kopflos in nordwestlicher Richtung zurück. Sein Entschluß steht plötzlich fest: Er marschiert gegen die Haupt- und Residenzstadt Wien!

Im Zeltlager vor Györ setzt sich der Kriegsrat noch einmal zusammen. Doch beraten wird nichts mehr, der Großwesir schildert kurz die seiner Ansicht nach einmalig günstige Entwicklung der militärischen Lage und erteilt die neuen Befehle. Botschafter Kuniz, nun Geisel des türkischen Heeres, aber weiterhin im Sinne des islamischen Gastrechts behandelt, kann noch immer Nachrichten sammeln. Am 3. Juli notiert er, Kara Mustafa vertrete die Meinung, daß die Christen geschlagen und verzagt seien und sich ihre Streitmacht, höchstens 20.000 Mann, auf der Flucht befinde; das Ziel des Großwesirs sei Wien, das, weil vollkommen ungedeckt, in einigen Tagen erobert werden könnte.

Kara Mustafa berichtet dem Sultan in seinem Brief über den geänderten Plan; ein hoher türkischer Offizier, Ibrahim Aga, bringt das Schreiben nach Belgrad. Mehmed IV., der glaubt, sein Großwesir würde sich an die Beschlüsse der letzten gemeinsamen Beratung halten, die Festungen Györ und Komárom besetzen und dem Kaiser dann Verhandlungen anbieten, ist mehr erschrocken als erbost. Er weiß, daß Kara Mustafa ihn einfach überrumpelt hat. Aber eine abschlägige Antwort würde das Heer erst vor den Mauern von Wien erreichen, zu spät, um das fragwürdige Unternehmen noch ohne Gesichtsverlust und politische Konsequenzen in der Armee abbrechen zu können. So schreibt er einen formellen Brief an den Großwesir, einen zweideutigen, denn er sagt nicht ja, er sagt nur, er werde um den Segen des Allmächtigen beten, daß alles so gelingen möge, wie sich dies die Streiter des Islam wünschten, bemerkt aber, er hätte den Angriff auf Wien niemals gutgeheißen, hätte ihm Kara Mustafa seinen Plan schon in Belgrad zur Begutachtung vorgelegt.

Das Antwortschreiben des erhabenen Padischahs Mehmed IV. wird nicht einmal einem Eilkurier anvertraut. Kara Mustafa marschiert bereits, als der Brief zur Beförderung abgefertigt wird; *kismet**, Allah will es, das Schicksal nimmt seinen Lauf.

Am 5. Juli bricht das türkische Heer in Richtung Wien auf. Ibrahim Pascha, der sich hartnäckig gegen den Plan Kara Mustafas aussprach, bleibt mit 8000 Mann und fünf schweren Feldgeschützen vor Györ. Es ist die Strafe für seine Ablehnung. Er soll nicht dabeisein, wenn die siegreichen Streiter des Islam die Haupt- und Residenzstadt des deutschen Cäsars erobern und plündern, wenn sie ihre Kirchen zum Ruhme Allahs in Moscheen verwandeln. Doch sowohl die 8000 Mann als auch die fünf Kolumbrinen-Geschütze sind zuwenig, um die stark ausgebaute Festung Györ zu bezwingen. Ibrahim strengt sich dann auch nicht besonders an, er verlegt sich, vom strategischen Standpunkt aus gesehen übrigens ganz richtig, auf die Einkreisung und Neutralisierung des kaiserlichen Stützpunktes, um den türkischen Nachschub vor den Angriffen der Besatzung zu schützen. Aber auch die Besatzung von Györ strengt sich nicht besonders an, um Ibrahim ernsthafte Schwierigkeiten zu bereiten, seine Linie zu durchbrechen und die Straße, die nach Buda und Belgrad führt, hinter dem Rücken Kara Mustafas unsicher zu machen. Sie hält auch dann noch still, als Ibrahim Pascha mit seinen Truppen nach Wien beordert wird, um die Armee des Großwesirs zu verstärken. Sie läßt sogar lange Wagenkolonnen, die Gefangene, vorwiegend Frauen und Kinder aus Niederösterreich, in die Türkei transportieren und nur unter einer schwachen militärischen Bedekkung in Sichtweite der Festung vorbeiziehen, unbehelligt; sie versucht gar nicht, auszubrechen, die Karawanen zu überfallen und den Türken die menschliche Beute abzujagen. Das vernünftige Denken des Berufssoldaten verdrängt die christliche Nächstenliebe. Die Besatzung müßte ja, wenn sie ihre unglücklichen Landsleute befreite, sie auch unterbringen und verpflegen. Es gibt aber zuwenig Platz in der Festung und auch zuwenig Lebensmittel in den Depots. So schaut die Mannschaft nur zu, bis die Fuhrwerke, mit Ochsen bespannt, mit menschlicher Fracht überladen, hinter den weißen Staubwolken des ungarischen Sommers verschwinden.

* Arabisch-türkisches Wort, das Zuteilung bedeutet, das vorausbestimmte und unabänderliche Schicksal, mit dem sich der gläubige Muslim stets abfinden muß.

Hitze und Staub machen auch dem türkischen Heer, das sich langsam, ja geradezu bequem und selbstsicher, ohne eine richtige Aufklärung und ohne seine Flanken zu schützen, der Grenze des österreichischen Kernlandes nähert, schwer zu schaffen. Über der Straße hängen so dichte Staubwolken, daß der Krieger seinen Nebenmann in der Marschkolonne nicht mehr erkennen könnte, vermerkt der Zeremonienmeister der Hohen Pforte im offiziellen türkischen Tagebuch des Feldzuges.

Auf Widerstand stößt die Armee Kara Mustafas nicht. Die Truppen des Lothringers absolvieren einen Bilderbuch-Rückzug, Infanterie, Artillerie, Kavallerie und Troß marschieren, um einander nicht zu behindern, getrennt voneinander auf beiden Ufern der Donau nach Theben und Hainburg. Der Hofkriegsrat versucht die Operationen von Wien aus zu leiten, Präsident Hermann von Baden sendet immer wieder Befehle an Carolus: Er solle über den Strom Brücken schlagen, Fußvolk und Reiterei schleunigst zusammenführen, hinter der Leitha in Stellung gehen, die Türken angreifen, die Tataren abfangen und dergleichen mehr. Der Oberbefehlshaber ärgert sich und stellt sich taub. Der Rückzug wird, wie gehabt, fortgesetzt, der Feind gemieden. Der Herzog von Lothringen will, und hat damit vollkommen recht, keine Schlacht riskieren, er will seine kleine Armee zunächst irgendwo in Sicherheit bringen, bis die noch in Nordungarn liegenden österreichischen Regimenter auf Umwegen zu ihm stoßen können, Hilfskontingente des Deutschen Reiches, wie dem Kaiser bereits versprochen, in Marsch gesetzt werden und, vor allem, bis die Polen kommen.

Denn sie müssen kommen. Im Vertrag vom 31. März 1683 steht klipp und klar, Jan Sobieski stellt eine Armee von 40.000 Mann gegen die »sowohl die geheiligte Religion als auch der Wohlfahrt der Völker« bedrohenden Osmanen auf. Sollte die Haupt- und Residenzstadt des Kaisers von den Türken angegriffen werden, so werde der polnische König mit seiner gesamten Heeresmacht nach Wien eilen. Der christliche, im Vertrag übrigens ausdrücklich als katholisch bezeichnete Beistand hatte allerdings einen hohen Preis: Leopold I. trat das größte Salzbergwerk Europas, Wieliczka in Galizien, zugunsten Polens ab, zahlte der polnischen Staatskasse obendrein die beachtliche Summe von 1,2 Millionen Gulden, die niemals zurückzufordern er sich schriftlich verpflichtete, weiterhin einen Betrag von 500.000 Gulden für die Aufstellung, Ausrüstung und Verpflegung von 400 schweren Panzerreitern, 800 Dragonern und 1600 Husaren.

Daß Sobieski, ein durchaus ehrenwerter Mann, sich nach Kräften bemühen werde, Wien zur Hilfe zu eilen, war nicht zu bezweifeln. Doch Polen hatte kein stehendes Heer, seine Armee mußte zuerst gesammelt und ausgerüstet werden. Carolus wußte, daß es noch Wochen, wenn nicht Monate dauern könnte, bis die 40.000 Mann vor den Mauern und Toren der Haupt- und Residenzstadt des Kaisers erscheinen würden. Er hoffte, daß sich Wien, vielleicht durch ein Wunder, bis dahin noch werde halten können. Nach allen einschlägigen Erfahrungen und Regeln der damaligen Militärwissenschaft jedoch war die Chance dafür eher gering.

Was auch der Bevölkerung von Wien bald bewußt wurde. Der kleine Mann, der namenlose Zeitgenosse des Kaisers, reagierte, wie kleine Männer, namenlose Zeitgenossen, in der Stunde der Not dies oft zu tun pflegen: zornig und hilflos zugleich. In der Nacht auf den 5. Juli wurden in der Rotenturmstraße die Fenster des Bischofs von Wien, Emmerich Sinelli, eingeworfen. Die Leute riefen dem schlaftrunkenen Kirchenfürsten erbost zu: »Du Schuft, du bist Ursach' an dem Unglück!« Der Bischof, ein im ungarischen Komárom geborener ehemaliger Kapuzinermönch, Hofprediger und Ratgeber des Kaisers, galt als unbarmherziger Gegner der Protestanten, emsiger Befürworter ihrer Verfolgung. Das niedere Volk war fest davon überzeugt, die Greueltaten gegen die Evangelischen in Oberungarn gingen auf die Initiative von Sinelli zurück. Es war gewiß eine grobe Vereinfachung der tatsächlichen Ereignisse, aber der Bischof hatte nun einmal seinen Einfluß auf den Kaiser, und im habsburgischen Ungarn wurde zum Teil auf Anraten und mit Wissen des hochgeschätzten Hofpredigers gefoltert und hingerichtet. Er ließ in Wien den Jesuiten, der geistlichen Sturmtruppe der Protestantenverfolgung, freie Hand; und diese hatten, als Kara Mustafa bereits auf habsburgisch-ungarischem Boden stand, anscheinend keine anderen Sorgen, als gegen ihre abtrünnigen Mitmenschen zu wettern. Justus Eberhard Passer, Gesandter der deutschen Landgrafschaft Hessen-Darmstadt in Wien, berichtet in einer Depesche an die Landgräfin Elisabeth Dorothea, daß er am 29. Juni, am Fest Peter und Paul, die »scharfe Predigt« gehört hatte; von der Kanzel habe ein Jesuit verkündet, »rotte man die Evangelischen nicht totaliter aus, so würde der Kaiser kein Glück haben«.

Die von Angst und Schrecken gepackten Landeskinder seiner geheiligtesten Majestät fanden die von der offiziellen Geschichtsschreibung später sorgsam verdrängten politischen Zusammenhänge rasch und klar heraus: Man wußte, daß die Türken nicht aus heiterem Himmel, infolge einer plötzlichen Eingebung des bösen Sultans, den Krieg begonnen und nach Österreich getragen hatten; sie kamen, so hörte man, erzählte man sich und glaubte es auch, als Schutzmacht der Protestanten, die auf unablässiges Drängen der katholischen Geistlichkeit grausam behandelt und schließlich in eine verzweifelte Rebellion getrieben wurden. Hätte man in Ungarn keine Gegenreformation mit Feuer und Schwert durchgeführt, stünden die Osmanen nicht an der Grenze des schutzlos preisgegebenen Niederösterreich.

Der nächtliche Krawall vor seinem Palast hatte Sinelli arg verstimmt; verwirrt und entzürnt beschloß er, seine undankbare Herde umgehend in Stich zu lassen und nach Linz zu fahren. Auch Priester, Mönche und Nonnen verließen auf Anraten des Bischofs die von den Türken und vom Pöbel bedrohte Haupt- und Residenzstadt. Sie versuchten, Lilienfeld und Melk zu erreichen, doch ihre Reise war alles andere als angenehm. Die Bauern gaben ihnen weder zu essen noch zu trinken. Sie ließen sie in ihren Häusern nicht übernachten, sie beschimpften sie, ja sie griffen sie sogar tätlich an. Gesandter Passer, nun auch schon unterwegs nach Deutschland, notiert:

»Als am verwichenen Freitag etliche Jesuiten zwischen Perschling und St. Pölten bei einem Wald vorbeigegangen sind, sind sie von den Bauern so übel traktiert worden, daß einer von ihnen gestorben, vier andere auf den Tod liegen; etliche konnten noch davongehen, von denen ich einen zu St. Pölten gesprochen habe. Die Ursache sei gewesen, daß diese Bauern sie sehr gescholten und gesagt haben: Sie, die Jesuiten, seien Ursache an all ihrem Unglück, Flucht und Armut. Wie sie sich nun verantworten wollten, hätten die Bauern alsbald auf sie geschlagen. Nunmehr verkleiden sich die meisten Jesuiten in weltliche Kleider, denn wo man sie reisen sieht, ruft ihnen der gemeine Pöbel nach: Da gehen die Urheber!«

Der am 26. Juni für die Stadt Wien erlassene Gebetszwang war auch nicht gerade geeignet, die ohnehin schon angeschlagene Popularität der Geistlichkeit in den Augen der keineswegs bigotten Wiener zu heben. Die gesamte Bevölkerung der Haupt- und

Residenzstadt wurde, nach Gesellschaftsschichten gestaffelt und unter Androhung von harten Strafen »an Leib und Gut«, in die Kirchen beordert, um Gott um seine barmherzige Hilfe gegen die Türken anzuflehen: Sonntag von 10 bis 11 Uhr die kaiserlichen Beamten, von 11 bis 12 Uhr die Professoren und Studenten der Universität, von 5 bis 6 Uhr nachmittags die Kauf- und Handelsleute, Montag von 8 bis 9 Uhr alle Bürger, die kein Handwerk trieben, von 9 bis 10 Uhr die Zimmerleute, von 10 bis 11 Uhr die Maurer, und so weiter, rund um die Uhr, bis zu den »Lehrjungen, Weibern, Kindern und Dienstboten«. Morgens und abends läutete die Türkenglocke, und da mußte jeder, ob auf der Straße oder in einem Haus, ebenfalls unter Androhung von Strafen auf die Knie fallen und andächtig beten; eine Verordnung, die zur wirkungsvollen Verteidigung der Stadt vermutlich kaum beitrug, dafür aber zweifellos geeignet war, die Massenhysterie zu fördern und zahlreichen Denunzianten eine genußvolle Beschäftigung zu verschaffen.

Die Lage war nun tatsächlich sehr ernst, auch wenn man in Wien noch daran glaubte, die Armee des Lothringers, immerhin eine intakte Streitmacht, werde bald, vielleicht bei Schwechat, haltmachen, Stellung beziehen und die Türken zurückschlagen. Die Tataren kamen allerdings schon überall durch, sie streiften bereits westlich des Leithagebirges, in der Gegend von Parndorf, Ebreichsdorf und Traiskirchen; Dörfer brannten, Schlösser und Kirchen standen in Flammen, schemenhaft aufsteigende Rauchsäulen am östlichen Horizont kündeten von dem herannahenden Unheil.

Die Flucht

Der Kaiser ließ sich in seinem gewohnten Sommerprogramm nicht stören; noch am 6. Juli ging Leopold I. in der Nähe von Perchtoldsdorf auf die Jagd und war, trotz schlechten Wetters, Platzregens und scharfen Westwinds, erfolgreich: Er schoß einen kapitalen Hirschen. Anschließend nahm er, wie der ortsansässige Bürger Wenceslaus Frey in seinen Memoiren erzählt, im Haus eines Herrn Perger das Mittagsmahl ein und hörte dabei, während Flüchtlinge aus dem Grenzgebiet durch den Ort zogen und sich die Perchtoldsdorfer mit Weib und Kind um Schlafplätze in der befestigten Wehrkirche balgten, »im schönen Garten mit verschiedenen schönen Wasserkünsten schöne Tafelmusik«.

Ob der Kaiser wirklich so indolent war, daß er die Gefahr nicht begriff, oder seine unerschütterliche Ruhe absichtlich zur Schau stellte, darüber haben schon die Zeitgenossen heftige Debatten geführt. Leopold I. stand damals im dreiundvierzigsten Lebensjahr. Er regierte als Erzherzog von Österreich, König von Böhmen und Ungarn, seit neunundzwanzig, als Kaiser des Heiligen Römischen Reiches seit rund fünfundzwanzig Jahren und hatte Erfahrung genug, sich auch in einer extrem schwierigen Lage wie ein wahrer Herrscher von Gottes Gnaden zu benehmen. Er lernte den Beruf des Monarchen gleich in der Praxis, denn vorbereitet hatte man ihn auf das höchste Amt im Staat nicht. Er war der zweitgeborene Sohn des Kaisers Ferdinand III. und der spanischen Habsburgerin Maria Anna, ein scheues und schwerfälliges Kind, das ein hoher Würdenträger der Kirche, Erzbischof, Kardinal und vielleicht einmal Papst, werden sollte. Doch sein älterer Bruder Ferdinand starb mit zwanzig Jahren an den Pocken, und Leopold rückte zum Thronfolger und bald darauf zum regierenden Erzherzog, König und Kaiser auf. Er sah ganz und gar nicht majestätisch aus, er war klein, dünn und häßlich: Er hatte eine viel zu lange Nase, einen monströsen Mund, schlechte Zähne, eine dicke Unterlippe, ein deformiertes Kinn, und er blickte mit großen, stark hervorquellenden, kurzsichtigen Augen in die Welt. Als Kaiser trug er immerfort die schwarze spanische Tracht mit scharlachroten Strümpfen und scharlachroter Hutfeder, und er bestand starrköpfig auf den kleinsten, unsinnigsten Details des spanischen Zeremoniells. Ansonsten liebte er die Jagd und die Musik. Er spielte mehrere Instrumente, dirigierte sein ausgezeichnetes Hoforchester selbst und komponierte Opern, Madrigale und Chöre. Der Herzog von Gramont, ein Beobachter der Kaiserwahl in Frankfurt, vermerkte in seinem Tagebuch: »Er liebt die Musik und versteht sie so weit, daß er sehr traurige Melodien sehr richtig komponiert.«

Traurig war Leopold I. jedoch nicht, er war eher auffallend phlegmatisch, aber auch frostig und unnahbar, dabei sehr fromm. Wie die Briefe an seinen Beichtvater, den wundertätigen Kapuzinermönch Marco d'Aviano, beweisen, wurde er immer wieder von Zweifeln und Schuldgefühlen geplagt. Sein Gleichmut erschien seiner Umgebung mitunter als Mut und hatte Wirkung, seine Unentschlossenheit war zäh und verwandelte sich in Ausdauer, ebenso wie seine Engstirnigkeit zur würdevollen Beharrlichkeit wurde. Der wortkarge Kaiser führte die Regierungsgeschäfte nicht, er zelebrierte sie und litt schwer unter der ungeheuren Verantwortung, die Gott ihm aufgebürdet hatte. In einem Brief an Marco d'Aviano schrieb er: »Wahrlich, ich würde lieber in einer Wüsteneinsamkeit leben als in meiner Hofburg.«

Er lebte in seiner Hofburg, die er um den Leopoldinischen Trakt erweitern ließ, keineswegs wie in einer Wüsteneinsamkeit; er lebte so prunkvoll und so verschwenderisch wie kein österreichischer Habsburger vor ihm. Die höfischen Feste, die großen Treibjagden und die nächtlichen Schlittenfahrten, für die Hunderte von Fuhrwerken Schnee in die Haupt- und Residenzstadt transportierten, verschlangen Unsummen. Die Aufführung der ersten italienischen Oper in Wien, »Il pomo d'oro« (»Urteil des Paris«) von Marc Antonio Cesti, in dem an der Stelle der heutigen Nationalbibliothek eigens dafür erbauten Comödienhaus, kostete mehr als 100.000 Gulden. Das berühmte Rosseballett war kaum billiger; die Hochzeitsfeierlichkeiten im Jahr 1666, anläßlich der Vermählung des Kaisers mit seiner ersten Frau, der spanischen Königstochter Margarete Theresia, an denen fast die gesamte Bevölkerung Wiens teilnahm, dauerten wochenlang an; etwa 350.000 Gulden wurden verpulvert, allein der Wert der gestohlenen Teller betrug 9000 Gulden. Im allegorischen Spiel, »Siegesstreit der Luft und des Wassers«, wirkten mehr als 1300 Personen mit. Kostspielige

Theatermaschinen versetzten die Zuschauer in Staunen: Schiffe fuhren in den Burghof ein, mythologische Gestalten schwebten in der Luft, Schriftzüge erschienen am Himmel. Von den Gipfeln der künstlich aufgeworfenen Berge Ätna und Parnaß stiegen bunte Sterne und Raketen auf, insgesamt etwa 80.000 Feuerwerkskörper mit einer Pulverladung von nahezu 500 Kilogramm Munition, die das Heer im Kampf gegen die Türken bitter nötig gehabt hätte.

Denn die Armee des Kaisers, nun auf dem Rückzug bereits knapp vor Wien angelangt, hatte vorerst nur Pulver und Blei für zehn Kampftage, und auch davon ging noch eine beachtliche Menge verloren. In den Vormittagsstunden des 7. Juli überfielen etwa 2000 Tataren zwischen Petronell und Wildungsmauer den auf der Landstraße Hainburg–Wien langsam dahinziehenden Troß der Österreicher. Der Angriff erfolgte blitzschnell, die berittene Bedekkung der Nachschubkolonne wurde in wenigen Minuten überrumpelt, niedergemacht oder in die Flucht geschlagen. Die Tataren warfen die Bagage- und Munitionswagen um und suchten nach Beute, hatten sich aber, als das Kürassierregiment Dünewald im scharfen Trab auf dem Schauplatz erschien, rasch in Richtung Parndorf zurückgezogen. Die Kunde von dem kurzen Gefecht erreichte um zwei Uhr nachmittags Wien; erschöpfte, verwirrte Offiziere, Soldaten, Troßknechte und Kutscher, die vor den Tataren geflohen waren, verbreiteten die Nachricht von einer furchtbaren Schlacht: Es hieß, die Wagenkolonne und zwei Reiterregimenter wären von 10.000 Tataren und der mächtigen Vorhut der türkischen Armee eingeholt und überrannt worden. Am späten Nachmittag wurde das schon ohnehin aufgebauschte Gerücht zu einer schrecklichen Katastrophenmeldung: Der Lothringer habe bei Petronell die Entscheidungsschlacht gewagt, wäre aber von den Türken vernichtend geschlagen worden und hätte seine gesamte Armee verloren. Rette sich, wer kann!

Eine verzweifelte Panikstimmung erfaßte alle Schichten der Bevölkerung; wer nur konnte, versuchte die Stadt unverzüglich zu verlassen. Sie hatte ja noch keine Garnison innerhalb der Mauern, war auf eine Verteidigung kaum vorbereitet, und so erschien sie den verstörten und bestürzten Wienern plötzlich wie die reinste Todesfalle.

Ein Augenzeuge, der kaiserliche Hofkriegsrat Johann Peter von Vaelckeren, ein Mann mit scharfer Beobachtungsgabe und hintergründigem Humor, berichtet: »Was nur von Schiffen, Karren, Wagen, Pferden, was nur von Knechten, Dienern und anderen Lumpen sowie sonst nicht geachtetem Gesindel und allerlei nichtsnutzigen Rossen und Trossen, ja Spitzbuben, was nur von Zug- und Bagagepferden für zehnfaches Geld in der Eile aufzutreiben war, das wurde alles gemietet und gedingt, um jedem die Flucht zu ermöglichen. Schade und zu bedauern war es, so viele hundert starke, wohlgenährte und erfahrene waffentragende Lakaien, die der Stadt wohl angestanden hätten, davongehen zu sehen und an deren Statt schwache und elende Leute am Ort zu lassen. Mit diesem Laufen und Rennen, Packen und Sacken wurde selbiger Nachmittag bis in die sinkende Nacht zugebracht. Aus Mangel genügender Fuhren warfen sich angesehene wohlhabende Matronen und Mütter mit ihren erwachsenen Töchtern und Söhnen auf offene, unbedeckte und verachtete Leiterwagen, ließen Haus, Hof und schön austapezierte Zimmer, die Weine im Keller, das Getreide auf dem Boden und in summa alles und jedes, was sie nicht eng zusammenpacken und zu sich stecken konnten, im Stich. Manche Frauen, denen ihre Männer vorher keine Pferde für ihre Kobelwagen verschaffen konnten, die ihnen, um ihre Prunksucht zu sättigen, schön genug waren, die waren nun froh, wenn sie ihre Karossen mit zweifarbigen, krummen, einäugigen und nur für einen Mistwagen dienenden Schindguren zu bespannen gehabt haben; und diese alsdann taten sie mit den Lasten der Dienstmenscher und Bagage so unverständig überlasten, daß ihrer vielen vor allzuschwerer Last die Räder zusammenbrachen, die elenden Wagen zu Scheitern fielen und auf dem Weg liegenblieben. Da standen sie dann und wußten ihres Leides keinen Rat, waren dazu noch in Gefahr, augenblicklich vom Feind oder unseren eigenen Leuten überfallen, ausgeplündert oder gar totgeschlagen zu werden.«

Am späten Nachmittag, nach einer kurzen Besprechung mit seinen geheimen Räten, entschloß sich Kaiser Leopold I., Wien zu verlassen. In aller Eile, ja in geradezu bewundernswerter Eile, wurde eine Fahrzeugkolonne von insgesamt 146 Karossen, Kutschen und Leiterwagen zusammengestellt und mit Wertsachen, Staatspapieren und Lebensmitteln beladen. Berittene Boten sprengten nach Fischamend, wo sich das Hauptquartier von Carolus befand, um von ihm 200 Kürassiere für die Eskorte des Herrschers und des Hofstaates zu verlangen. Die Kürassiere kamen nicht, und so wurde Hauptmann

Thaddäus d'Hassie von der Wiener Stadtguardia mit 150 berittenen Wachleuten zur Begleitung der allerhöchsten Reisegesellschaft beordert. Gegen acht Uhr am Abend setzte sich die Kolonne in Bewegung. Sie mußte sich ihren Weg durch eine dichte Menschenmenge bahnen, die vor der Hofburg auf Nachrichten, auf Trost, auf ein Wunder gewartet hatte. Die Leute schrien, erinnert sich Ferdinand Bonaventura Graf Harrach, Oberstallmeister des Kaisers: »Ach, Ihre Majestät, verlassen Sie uns doch nicht!« Hauptmann d'Hassie wollte die verzagten Landeskinder mit gezücktem Säbel niederreiten lassen, doch Leopold I. beugte sich aus seiner Karosse und rief: »Ach, laß die armen Leute gehen!«

Die armen Leute ließen dann auch ihren gütigen Landesvater gehen, aber auf der Reise nach Korneuburg, der ersten Station der Flucht, kam es immer wieder zu brenzligen Situationen. Die Straße war von Flüchtlingen verstopft, die Eskorte mußte mehrere Male von ihren Waffen Gebrauch machen, um die Weiterfahrt zu ermöglichen. Dabei wurde der Kaiser »von dem ungehaltenen Pöbel und sogenannten landlerischen Bauernvolk mit Schimpfworten übel angelassen, welche Schmach aber Ihre Majestät mit höchster Geduld überwunden haben und an keinem Rache üben lassen«. In Langenzersdorf wurde die Lage für kurze Zeit besonders kritisch, denn, so berichtet Oberststallmeister Harrach, »da standen Bauern mit Röhren und Gewehren, welche denen, die durchreisten, viele Schmachworte sagten und drohten, die fliehenden ausreisenden Wiener nennend, die das Land wohl genossen und jetzt verlassen täten«.

Kurz vor Mitternacht erreichte die Kolonne des Kaisers Korneuburg. Der Ort war von Flüchtlingen überschwemmt, die Stimmung explosiv, so wagten es die Bediensteten Seiner Majestät nicht, die Körbe und Kisten von den mit Lebensmitteln beladenen Wagen zu holen. Auch für ein standesgemäßes Quartier konnte nicht gesorgt werden. Entsetzt berichten einige Historiker über das Elend, mit dem sich Leopold I., seine Familie und seine Begleitung, die Hofdamen und Kavaliere abfinden mußten: Sie bekamen zum Nachtmahl nur Eier serviert, und sie lagen auf Stroh oder auf den Sitzen der Karossen und benützten als Decke ihren eigenen Mantel.

Eine Festung mit launischen Details

»Man sagt«, notiert Hofkriegsrat Johann Peter von Vaelckeren in seinen Memoiren, »es seien mehr als 60.000 Leute von Wien weggeflohen.« Man hat stark übertrieben: Es waren vermutlich nicht mehr als 15.000 bis 20.000 Menschen, die Hals über Kopf die Stadt verließen. Wien hatte damals kaum mehr als 60.000 Einwohner, in den Vorstädten lebten etwa 40.000 Leute. Die letzte große Pestepidemie vor der Türkenbelagerung im Sommer 1679 hatte an die 20.000 Todesopfer gefordert. Wer die verheerende Seuche in die Haupt- und Residenzstadt eingeschleppt hatte, konnte niemals festgestellt werden, wenn auch der deutsche Bußprediger Ulrich Megerle, besser bekannt unter seinem Mönchs- und Künstlernamen Abraham a Santa Clara, in seinem »Mercks Wien« mit dem nachträglichen Seitenhieb brillierte: »Erstlich hat der Todt seinen Anfang genommen in der Leopoldstadt, so vor etlichen Jahren wegen der schlimmen Inwohner Judenstadt genannt . . .«

Die »schlimmen Inwohner« waren allerdings nicht mehr da. Schon im Frühjahr 1670 wurden die Juden von Wien und Niederösterreich auf Drängen der bigotten spanischen Frau des Kaisers, Margarete Theresia, des Landes verwiesen. Leopold I. war nicht nur ein begabter Komponist, er war auch ein tüchtiger Geschäftsmann: Die Gemeinde Wien mußte für die frei gewordenen Häuser der etwa 5000 vertriebenen Juden dem Hof eine Ablöse von rund 100.000 Gulden zahlen und die ausgefallene Judensteuer in der Höhe von 14.000 Gulden pro Jahr ersetzen. Die Bürger von Wien waren über die Aussiedlung der Juden, die nach Westungarn und nach Berlin zogen, nicht gerade erfreut. Das Verschwinden von mehreren tausend fleißigen Kaufleuten, die bei den Handwerkern der Stadt als gute Kunden geschätzt waren, machte sich recht bald unangenehm bemerkbar. Die verlassenen Häuser des Ghettos verfielen rasch, sie dienten dann als kostenlose Unterkunft für Schmuggler, Diebe und Dirnen; der Ruf der Leopoldstadt als solide Stätte der Wiener Unterwelt war damit begründet. Vergeblich versuchten einflußreiche Bürger, die Juden zurückzuholen; obwohl die theologische Fakultät der Universität Wien auf ihre Veranlassung und Kosten ein Gutachten erstellte, wonach die Anwesenheit von Juden in einer christlichen Stadt das Seelenheil der Einwohner in keiner Weise gefährden könne, blieb der Kaiser bei seinem allerhöchsten Entschluß.

Der Hof fungierte nun als einziger Großauftraggeber für Handel und Gewerbe, er war ja auch der einzige Großbetrieb in der Stadt; zahlreiche Bürger, die innerhalb der Mauern, auf dem Gebiet der heutigen Inneren Stadt, wohnten, standen als Arbeitnehmer mit ihm in den verschiedensten Abstufungen eines komplizierten Kastensystems in direkter oder indirekter Verbindung: Etwa 70% der Wiener waren vom täglichen Mechanismus, von den mannigfaltigen Bedürfnissen des höfischen Lebens, abhängig. Was den meisten Bürgern den Vorteil einer gesicherten Existenz, aber zunehmend auch Schwierigkeiten brachte. Denn obwohl die Beulenpest die Bevölkerung empfindlich dezimierte und die Juden ihr Viertel verlassen mußten, herrschte in der befestigten Stadt arge Wohnungsnot. Im Sommer 1683 gab es in Wien an die 1200 Häuser, davon keines mehr ebenerdig, die meisten, ausschließlich aus Ziegel und Stein ausgeführten Gebäude hatten zwei Stockwerke, mehr als 400 drei Stockwerke, und es gab immerhin 35 Wohnhäuser, die bereits vier Stockwerke hoch waren. Dennoch stand den Bürgern von Wien immer weniger Wohnfläche zur Verfügung, weil die Bediensteten des Hofes und auch die Geistlichkeit ein Vorrecht auf ein Dach über dem Kopf hatten. Handwerker, Kaufleute und auch Bürger, die bei der Gemeindeverwaltung angestellt waren, mußten zugunsten der sogenannten Hofquartiere immer wieder Wohnräume abtreten. Im Sommer 1683 war bereits die Hälfte der Häuser innerhalb der Stadtmauern im Besitz des Hofes, des Adels oder der Kirche.

Die Gassen der Stadt waren nur zum Teil gepflastert, sie waren eng und finster. Eine öffentliche Straßenbeleuchtung gab es nicht. Petersplatz und Stephansplatz waren Friedhöfe, am Graben stand eine hölzerne Pestsäule. Ein Erlaß der Stadtverwaltung vom 9. Januar 1679 verkündete strenge Vorschriften für die Erhaltung von Sauberkeit und Gesundheit: »Kein Blut, Eingeweid, Köpf oder Beiner von dem abgetödten Vieh«, noch Krautblätter oder Eierschalen, weiterhin verendete Hunde und Katzen dürfen fortan, wie bisher, auf die Gasse geworfen, sie müssen »vor die Stadt« getragen werden. Die Senkgruben muß man »fleißig bedecken«, bei der Räumung der »Heimlichkeiten in den Häusern besondere Vorsicht walten lassen«. Das Mästen von Schweinen in der Stadt wird bei »ernstlicher Straf« unverzüglich verboten; Tote dürfen nicht mehr in den Häusern oder bei den Schöpf- und Röhrenbrunnen gewaschen werden. Die Begründung des »ernstlichen Befehls« klingt für die damalige Zeit erstaunlich modern: »Nachdem die Erfahrenheit mit sich bringt, daß die Sauberkeit ein sonderbar nützlich und notwendiges Mittel ist, sowohl die Einreißung der Infection zu verhüten als auch dieselbe wiederumben abzuwenden, herentgegen die Unsauberkeit solches Übel verursacht . . .«

Die umfassende Hygieneverordnung des Stadtrates ging auf die Initiative zweier zugereister Ärzte zurück; auf die des Holländers Paul de Sorbait und des Franzosen Franz Billot. Sorbait war der stille Held der großen Pestepidemie von 1679. Er blieb, obwohl Hof, Hochadel und auch die meisten Mediziner und Apotheker vor dem Schwarzen Tod aufs Land geflüchtet waren, in der Stadt, um die Seuche zu bekämpfen; er studierte den Ablauf der Krankheit und erkannte, wenn auch vorerst nur rudimentär, die möglichen Ursachen der Ansteckung und plädierte vehement für die Sauberkeit des Menschen und dessen Umwelt. Doktor Billot, Leibarzt des Kaisers, behandelte Kranke, die nicht zahlen konnten, gratis, er richtete in seiner Wohnung in der Singerstraße 17 ein Ambulatorium ein, wo er jedem, der sich dort einfand, unentgeltlich ärztliche Hilfe geleistet hat.

Innerhalb der Stadtmauern gab es nur ein Krankenhaus, das gemeindeeigene Bürgerspital, ein zweistöckiges Gebäude am heutigen Lobkowitzplatz, das rund 800 Patienten aufnehmen konnte.* Es war ein wohlhabendes Unternehmen, das Getreidefelder, Wiesen, Wälder, Weingärten und in der Vorstadt Mariahilf fünf Zinshäuser besaß; vom Kaiser erhielt das Spital als Geschenk eine Schiffsladung Salz pro Jahr. Verwaltet wurde das städtische Krankenhaus von einem Spittelmeister, der von der ärztlichen Betreuung über die Küche bis zu den Einnahmen aus dem Verkauf von Holz, Wein und Korn den gesamten Betrieb zu leiten und zu überwachen hatte. In den Jahren 1666 und 1681 deckte der Stadtrat nicht näher bezeichnete »Unregelmäßigkeiten« auf, die Vorschriften für die Verwaltung des Krankenhauses wurden überprüft und ergänzt. Am 7. Dezember

* Für das Seelenheil der Bevölkerung wurde bedeutend besser gesorgt: Im Jahr 1683 hatte Wien ohne die Vorstädte 24 Kirchen und 15 Klöster.

1682 erhielt der Stadtrat vom Hof einen scharfen Verweis: Es hat sich herausgestellt, daß die fünf Zinshäuser des Bürgerspitals, in denen sich auch zwei Kneipen befanden, Geheimbordelle und Spielhöhlen waren, wo hauptsächlich Ausländer, Gauner und Dirnen verkehrten; ein »scandaloser Exceß«, den der Kaiser sofort abzustellen wünschte. Ob die Häuser von den sogenannten lichtscheuen Elementen tatsächlich geräumt worden waren, darüber blieb keine amtliche Aufzeichnung erhalten. Es ist jedoch anzunehmen, daß der Stadtrat energisch durchgegriffen hat, da man wohl wußte, wie penibel und nachtragend Leopold I. war: Seinen Zorn herausfordern hieß, politischen Selbstmord zu begehen.

Dem guten Ruf des Bürgerspitals hat die Affäre anscheinend nicht im geringsten geschadet. Anfang Juli 1683 war das Krankenhaus gesteckt voll. Aus den Vorstädten und den umliegenden Dörfern strömten Flüchtlinge, die von dem angeblichen Untergang der kaiserlichen Armee bei Petronell noch nichts gehört hatten, in die befestigte Stadt; sie schleppten auch Kranke mit sich, die sie dem mächtigen Spittelmeister und den namhaften Doktoren anvertrauen wollten. Was ein Spitalsbett in diesen Tagen gekostet hat, darüber lassen sich keine Hinweise finden. Gefeilscht wurde um die Plätze im Krankenhaus vermutlich aber recht intensiv, zumal die Leute gewußt haben, daß türkische Krieger im Geiste des Islam Spitäler meist geschont und Kranke fast nie als Feinde behandelt haben.

Die Flüchtlinge aus Erdberg und Margareten, aus der Laimgrube und aus Gumpendorf, aus Hietzing und Dornbach, aus der Alservorstadt und aus der Roßau lagerten auf den Plätzen und in den Gassen unter freiem Himmel; erst nach und nach hatten sie die verlassenen Wohnungen des Adels, der Geistlichkeit und der wohlhabenden Bürger ausgekundschaftet, um sie dann scharenweise in Besitz zu nehmen. Die Neuankömmlinge fühlten sich bald heimisch und auch recht wohl in der Stadt, nicht zuletzt, weil sie hofften, daß die Türken und Tataren niemals die starken Festungswerke Wiens würden überwinden können.

Die Haupt- und Residenzstadt war in der Tat stark befestigt. Man bemühte sich nahezu hundert Jahre hindurch, die Bollwerke immer nach den neuesten Erkenntnissen der italienischen Festungsbaukunst zu errichten und zu erweitern. Dennoch war der Gesamtkomplex der Verteidigungsanlagen durch und durch österreichisch: ein zum Teil unvollendetes Stückwerk, das von den strengen Normen der klassischen Festungsarchitektur durch launige Details und sorglose Schlamperei merklich abwich, aber dann in der Not, zwar mehr oder minder durch ein Wunder, erstaunlich lang standhielt.

Im Sommer 1674 hatte Ingenieur Franz Freiherr von Wymes, ein erstklassiger Fachmann des Festungsbaues, im Auftrag des Hofkriegsrates ein ausführliches Gutachten über die Verteidigungsanlagen von Wien erstellt. Demnach müßte man die Befestigungswerke im großen und ganzen als »irregulär« bezeichnen; einige der Bastionen* seien viel zu groß, andere wiederum zu klein; etliche sehr hoch, manche zu niedrig, es seien ebenso viel breite wie auch viel zu enge darunter. Die Schießscharten für die Geschütze seien teils überdimensioniert, teils aber schmäler als die Mündung einer mittelschweren Kanone. Die Stadtmauern weisen erstaunliche Ausbuchtungen auf, in die Gewölbe unter den Bollwerken dringt vielfach Wasser ein. Als die gefährlichsten Schwachstellen der Anlage nannte Gutachter Wymes die nur aus Bruchsteinen ausgeführte Dominikanerbastei und die gesamte, viel zu niedrige und stümperhaft errichtete Verteidigungslinie entlang des heutigen Donaukanals.

Der Bericht hatte keine der verantwortlichen Stellen alarmiert; man legte ihn zu den Akten. Zu Beginn des Jahres 1683 waren die Festungswerke im selben desolaten Zustand, in dem sie Freiherr von Wymes inspiziert und beschrieben hatte. (Noch im Mai 1682 ließ der Stadtrat einige hundert dreijährige Karpfen im Wassergraben vor den Mauern einsetzen, die ein Fischhändler namens Reißner von Neu-Bistritz in Böhmen dem Magistrat um den Preis von 51 Gulden geliefert hatte. Da die Palisaden fast überall fehlten, konnte man ungehindert angeln.)

Erst als die Kunde von dem Vormarsch der Türken nach Wien gedrungen war, begannen Hof und Stadtrat sich um die Verteidigungsanlagen ernsthaft zu kümmern. Auf Antrag des Kaisers erklärte sich der niederösterreichische Landtag bereit, der Stadt Wien 3000 Mann zur Landrobot, zur unentgeltlichen Zwangsarbeit für die Dauer von zwei Monaten, zur Verfügung zu stellen. Die erste

* Wien hatte zwölf Bastionen: die Biberbastei, die Dominikanerbastei, die Braunbastei, die Wasserkunstbastei, die Kärntnerbastei, die Burgbastei, die Löwelbastei, die Mölkerbastei, die Elendbastei, die Neutorbastei und die große und die kleine Gonzagabastei.

Gruppe der zwangsverpflichteten Bauern bestand aus etwa 800 Mann, dazu kamen noch an die 1000 Soldaten des Regiments Alt-Starhemberg, die man vorübergehend zum Arbeitsdienst nach Wien abkommandiert hatte. Die Wiener selbst nahmen an den Ausbesserungs- und Schanzarbeiten vorerst gar nicht teil, die Stadtverwaltung versprach lediglich, die Bauern, die in die Haupt- und Residenzstadt beordert wurden, zu verpflegen und ihnen wetterfeste Unterkünfte zur Verfügung zu stellen. Die Arbeit ging aber nur recht und schlecht voran, denn die Bauern, die immer mehr um ihre daheim gelassenen Familien fürchteten, waren von der außerordentlichen Robot alles andere als begeistert; sie werkelten lustlos an den frisch aufgeworfenen Schanzen, viele von ihnen suchten in einem geeigneten Augenblick das Weite. Die letzten Hörigen aus Niederösterreich, die noch unter Androhung von schweren Strafen ausgehalten hatten, verschwanden am 7. Juli, als die falsche Nachricht über die Vernichtung der kaiserlichen Armee in Wien eintraf.

Nun mußten die Wiener in die verlassene Bresche springen. Am 8. Juli formierte sich in der bedrohten Stadt ein Krisenstab, den Hermann von Baden, der Präsident des Hofkriegsrates, im Namen des Kaisers eingesetzt hatte, bevor auch er Wien verließ, um sich auf dem Weg nach Westösterreich Leopold I. anzuschließen. Die neue Behörde ging energisch ans Werk. Sie rief sofort die Bewohner der Stadt auf, unverzüglich zur Schanzarbeit und zur Ausbesserung der Festungsbauten zu erscheinen. Wer Pferde besaß, mußte sie am Schweinemarkt, auf dem heutigen Lobkowitzplatz, den Beauftragten der Gemeinde übergeben.

Der Krisenstab trat das erste Mal im geräumigen Haus des Bürgermeisters Johann Andreas von Liebenberg auf dem Platz am Hof zusammen. Es war ein in mancher Hinsicht recht sonderbares Gremium, das ursprünglich aus zwei voneinander streng getrennten Körperschaften bestand: aus dem »Hinterlassenen Hofkriegsrat«, dem die in Wien verbliebenen Mitglieder des Hofkriegsrates angehörten und der ausschließlich für die rein militärischen Fragen zuständig war, und aus dem »Geheimen Deputiertenkollegium«, das, aus hohen Beamten der Stadtverwaltung gebildet, sich mit den Problemen der Zivilbevölkerung und der bürgerlichen Administration zu befassen hatte. Doch bald flossen die Kompetenzen vielfach ineinander, das anfangs sorgsam ausbalancierte Machtverhältnis verschob sich rasch zugunsten der militärischen Führung. Zum

Präsidenten der Doppelbehörde wurde ein von der populären Geschichtsschreibung zu Unrecht fast völlig vergessener General aus Böhmen, der 72 Jahre alte Feldzeugmeister Kašpar Zdenko Graf Kaplîř, ernannt. Er war gewiß kein Held im herkömmlichen Sinn, er hatte Angst, er bat in einem Brief Leopold I., ihn von dem gefährlichen Posten zu entheben. Der Kaiser blieb, wie immer, stur bei seinem Entschluß, und so mußte der alte Mann fortan wohl oder übel die schwere Verantwortung tragen. Er tat es dann mit Anstand und auch mit unbestrittenem Können, er war ja ein erfahrener Berufssoldat, dennoch still und ruhig, der im Kriegsrat stets für eine sachliche Atmosphäre sorgte und die zwischen den zivilen und militärischen Würdenträgern immer wieder aufflammenden Streitereien taktvoll zu schlichten und die plötzlich aufgetauchten technischen Schwierigkeiten ideenreich zu meistern verstand.

Als strahlender Held ging ein führendes Mitglied des »Geheimen Deputiertenkollegiums«, Bürgermeister Liebenberg, in die Geschichte ein – nicht zuletzt, weil die Gemeinde Wien sich stets mit Nachdruck bemühte, ihren Mann, den unerschrockenen Kommunalpolitiker, groß herauszustellen. In den zahlreichen Festschriften und historischen Publikationen, die im Auftrag oder mit Unterstützung des Magistrats seit 1783, der Hundertjahrfeier der Belagerung, erschienen, findet man immer wieder die Prädikate »heldenhaft«, »mannhaft«, »wacker«, »beherzt« usw. Beliebt war Bürgermeister Liebenberg bei seinen Zeitgenossen jedoch nicht, denn er war, wie Briefe, Tagebücher, Akten und auch manche Passagen von Biographien beweisen, viel zu autoritär, er war überheblich, aber auch geizig und geldgierig, ein beinharter Aufsteiger, der 1647 mit zwanzig Jahren als kleiner Handlanger in den Dienst der Gemeinde trat, 1660 zum Leiter des städtischen Rechnungswesens, 1676 Stadtrichter und 1680 Bürgermeister wurde. Ende 1681 hatte die Hofkammer (das damalige Finanzministerium) Liebenberg recht unsanft aufgefordert, über seine Ausgaben als Stadtrichter die Rechnungen vorzulegen. Der Bürgermeister konnte oder wollte aber die Unterlagen nicht präsentieren, und so erging am 1. März 1682 an ihn der Befehl, »daß er, Herr von Liebenberg gedachte Rechnungen demnächst erstatten und hiedurch zu dem jüngsten angedrohten scharfen Einsehen nicht Ursache geben sollte«. Die weiteren Spuren der Affäre verlieren sich im dunkeln. Im großen Jubiläumsbuch über die Türkenbelagerung »Wien im Jahre 1683«, das im Auftrag des

Gemeinderates 1883 erschien, findet man bloß die vorsichtige Formulierung: »Ob er die Rechnung in Folge dessen wirklich zu seinem eigenen Schaden ablegte oder auf welche Weise er sich überhaupt aus dieser höchst unangenehmen Situation gezogen, ist unbekannt.« Vermutlich half ihm Großwesir Kara Mustafa heraus, denn angesichts der Gefahr, die Wien nun drohte, befaßte sich die Hofkammer gewiß nicht mehr mit fünf oder sechs Jahre alten, unklaren oder fehlenden Rechnungen.

In der Stunde der Not bewährte sich dann Bürgermeister Liebenberg, wenn er auch anfangs auf den anscheinend traditionellen Showeffekt des geübten Kommunalpolitikers nicht verzichten konnte: Er erschien höchstpersönlich unter den Schanzarbeitern, ergriff einen mit Erde beladenen Schubkarren und schob ihn zu einem von einem Vorarbeiter bestimmten Abschnitt der Befestigung; eine wohlbekannte symbolische Handlung, die von den Stadtvätern zur ungetrübten Freude der Wienerinnen und Wiener auch noch in unseren Tagen in verschiedenen Variationen immer wieder praktiziert wird. Liebenberg schob also den Schubkarren, und die Nachwelt wußte die Bedeutung seiner Tat zu rühmen. Das große Jubelbuch vermerkt: »Das werktätige Eingreifen des Bürgermeisters eiferte die Bürgerschaft an, und nunmehr wurde das Versäumte in fabelhaft kurzer Zeit mit dem Aufgebote aller Kräfte zu Stande gebracht. Jetzt gingen die Arbeiten rasch vorwärts; die am 7. Juli davongelaufenen Bauern waren mehr als ersetzt; zielbewußt wurde an der völligen Armierung der Festungswerke gearbeitet. Darum ist auch der 9. Juli ein Ehrentag des wackeren Bürgermeisters Liebenberg.«

Sein anfänglicher Eifer ließ jedoch immer mehr nach; Liebenberg war im Sommer 1683 sechsundfünfzig Jahre alt, er litt an Wassersucht, konnte sich kaum mehr bewegen und mußte die Sitzungen des Stadtrates von seinem Krankenbett aus leiten, wurde dann von der Ruhr befallen und starb noch während der Belagerung, in der Nacht auf den 10. September.

Ob das leuchtende Beispiel des Bürgermeisters die Bewohner von Wien mitgerissen, ob die Angst vor den herannahenden Türken sie angespornt hatte oder gar die unheimliche Aussicht auf die öffentlich vollzogene Todesstrafe, mit der das »Geheime Deputiertenkollegium« den Bürgern, die sich vor der Arbeit zu drücken versuchten, drohte, das Schanzen und Graben, das Setzen von Palisaden, die

Anlieferung von Gerät und Material ging nun tatsächlich rasch und wirkungsvoll voran. Am Nachmittag des 10. Juli wurden die ersten Geschütze der Verteidiger auf der Kärntner Bastei in Stellung gebracht, am Vormittag des 11. Juli weitere Batterien auf der Biberbastei und auf der Burgbastei. Bis zum Abend des 13. Juli – die türkische Vorhut stand bereits in Sichtweite vor der Stadt – waren alle 262 Kanonen von Wien montiert und mit Munition versehen.

Die Stadt verfügte nun über eine der türkischen klar überlegene Artillerie, die sich im Gegensatz zu dem unzulänglichen Geschützpark der Osmanen, der auf dem langen, beschwerlichen Anmarschweg vielfach beschädigt wurde, in gutem Zustand befand.

Die Feuerkraft der österreichischen Geschütze übertraf deutlich die der türkischen Kanonen: Die Verteidiger hatten rund 90 schwere Stücke, darunter »ganze Karthaunen«, die berühmten 24-Pfünder vom Kaliber 19,8 cm mit einem Eigengewicht von 8,4 Tonnen und mit einer Reichweite von 900 Metern, »Drei-Vierthel-Karthaunen« vom Kaliber 17,6 cm, Eigengewicht: 5,7 Tonnen, Reichweite: 1100 Meter; »Halbe Karthaunen«, auch »Mezo Canone« genannt, 4,2 Tonnen schwer, mit einem Kaliber von 15,6 cm und einer Reichweite von 700 Metern; 36 Bombenmörser von verschiedenen Kalibern; eine 15-cm-Haubitze, weiterhin 172 leichte Geschütze, »Vierthel-Karthaunen«, »Ganze Schlangen«, »Halbe Schlangen«, »Regimentsstücke«, »Falkaunen«, »Doppelfalken« und »Scharfe Dirndl« von Kalibern zwischen 10,5 und 5,3 cm; sie wogen 600 bis 800 Kilogramm. Die Reichweite betrug je nach Geschütztyp 250 beziehungsweise 350 und 550 Meter.

Der Kommandant

Die frisch geputzten und geölten Kanonen wurden nach einem zwar hastig, aber zweifellos gekonnt entworfenen Plan des Stadtkommandanten von Wien, Ernst Rüdiger Graf von Starhemberg, aufgestellt. Feldmarschall-Leutnant Graf Starhemberg kam, nachdem er sich von der zurückweichenden Armee des Lothringers ordnungsgemäß abgemeldet hatte, erst am Abend des 8. Juli in Wien an. Seine Ernennung zum Oberkommandierenden der Haupt- und Residenzstadt ging auf die einsame Entscheidung des Kaisers zurück. Leopold I. hatte die für sein Reich wichtigen personalpolitischen Fragen fast immer mit sicherem Gespür gelöst. Er hatte auch diesmal die richtige Wahl getroffen; Starhemberg erwies sich der ihm gestellten Aufgabe voll und ganz gewachsen. Denn er organisierte die Verteidigung von Wien als ein komplexes, nicht nur rein militärisches Unternehmen; er dachte weniger daran, mit fliegenden Fahnen bis zum letzten Blutstropfen zu kämpfen, ein Heldenepos nach den Ritualen des barocken Schlachtentheaters zu gestalten; er dachte vielmehr an die mannigfaltigen technischen Probleme, von denen der Erfolg seiner Bemühungen abhing, an die Versorgung der Mannschaft und der eingeschlossenen Bevölkerung, an die sanitären Fragen, an den Feuerschutz, an die Möglichkeiten, beschädigte Mauern auch im feindlichen Kugelhagel unter geringen Verlusten auszubessern, die vorhandenen Kräfte optimal zu verteilen. Er stellte, ohne daß es ihm bewußt geworden war, neue strategische Prinzipien für die Verteidigung einer Großstadt auf, improvisierte häufig und erfolgreich, und er blieb, auch in den gefährlichsten Stunden, stets gelassen, ja höflich, den Schwächen der nicht gerade überdurchschnittlich mutigen und charakterfesten Wiener gegenüber bis zum letzten Tag der Belagerung nachsichtig und verständnisvoll.

Ernst Rüdiger Graf Starhemberg stammte aus einer oberösterreichischen Adelsfamilie. Er kam als Sohn wohlhabender Eltern am 12. Januar 1638 in Graz auf die Welt. Sein Vater, Konrad Balthasar Starhemberg, Statthalter (Landeshauptmann) von Niederösterreich, besaß ausgedehnte Ländereien, die zum Teil seine erste Frau, die

Mutter von Ernst Rüdiger, Anna Elisabeth von Zinzendorf, in die Ehe mitgebracht hatte. Die Familie Starhemberg hatte auch in Wien Liegenschaften, darunter ein großes Haus auf dem heutigen Minoritenplatz (an dessen Stelle sich das Unterrichtsministerium befindet) und einen weitläufigen Gebäudekomplex in der Vorstadt Wieden, das Gutshaus »Konradswörth«.

Ernst Rüdiger sollte ursprünglich als Beamter Karriere machen, er trat vorerst in den Dienst der niederösterreichischen Landesregierung, im Alter von einundzwanzig Jahren wechselte er jedoch den Beruf. Er wurde Soldat. Seine neue Laufbahn begann in der unmittelbaren Umgebung des Feldherrn Raimondo Montecuccoli, der ihn bald als einen seiner besten Offiziere bezeichnete. Mit 31 Jahren war er bereits Oberst und Inhaber des Infanterieregiments Alt-Starhemberg, mit 45 Jahren der jüngste Feldzeugmeister der kaiserlichen Armee und Kommandant der Artillerie auf dem ungarischen Kriegsschauplatz.

Im Sommer 1683 stand Starhemberg im sechsundvierzigsten Lebensjahr, er war mit seiner um zwei Jahre jüngeren Tante (die man damals Muhme nannte) Helena Dorothea Starhemberg verheiratet, sehr glücklich, wie alle einschlägigen Biographien versichern, auch wenn er die glückliche Ehe, durch den Soldatenberuf bedingt, vornehmlich aus der Ferne führte. Er war Frauen gegenüber stets betont liebenswürdig und charmant, er war auch großzügig, obwohl er beim Kartenspiel (anscheinend die kollektive Leidenschaft der hohen Offiziere im 17. Jahrhundert) sehr viel Geld verlor. So schenkte er der Gattin seines Vetters, Gundakar, zu der er sich besonders hingezogen fühlte, ein Reitpferd, einen Jagdhund und ein zehn Jahre altes türkisches Mädchen, das, laut Begleitbrief des nicht alltäglichen Präsents, »ziemlich hübsch« war.

Woher Starhemberg das Kind hatte, läßt sich heute nicht mehr eruieren. Daß auch die christlichen Truppen Menschen erbeutet, Frauen und Kinder als Sklaven verkauft hatten, darüber gibt es zahlreiche Hinweise in den türkischen Chroniken und Tagebüchern, aber auch in einigen historischen Studien, die im deutschen Sprachraum erschienen sind, von der traditionellen Geschichtsschreibung jedoch ignoriert werden. So liegt der für die Leser im christlichen Abendland so gut wie unbekannt gebliebene Bericht eines türkischen Offiziers, Osman Aga, auch in deutscher Sprache vor: Er verbrachte bis zu seiner Flucht elf Jahre als Gefangener, praktisch als

Sklave in Österreich, im Haus eines Grafen Schallenberg in Wien, wo er in Ketten geschlagen als Pferdeknecht und später als Sesselträger unentgeltlich arbeiten mußte. Auch zwei türkische Mädchen, vierzehn und zehn Jahre alt, befanden sich im Palais des hohen Herrn; sie wurden »von der gnädigen Frau zuweilen hart gezüchtigt«. Der Verwalter des Grafen, ein Herr Seyfried von Eyersperg, machte sie hintereinander zu seinen Geliebten.

Die Aufnahme gefangener türkischer Knaben und Mädchen in einen christlichen Haushalt hatte in vielen Fällen zweifellos auch humanitäre Aspekte: Man kaufte die Kinder den Soldaten ab (oder bekam sie von ihnen geschenkt), um sie vor der völligen Verwahrlosung zu retten, behandelte sie anständig und versuchte, was auch oft gelang, sie nach der üblichen Zwangstaufe in eine der Dienstbotenfamilien zu integrieren.

Vermutlich kam auch das der Gattin des Vetters, Gundakar, geschenkte Mädchen, das man irgendwo in Ungarn erbeutet hatte, als Objekt der christlichen Barmherzigkeit in den Besitz des splendiden Feldzeugmeisters. Denn Starhemberg war als Soldat zwar abgestumpft wie die meisten Offiziere, die jahrzehntelang mehrere Kriege am Rhein, am Po und an der Donau mitgemacht hatten, er konnte in äußerster Not auch unbeugsam hart sein, aber im Grunde seines Wesens war er recht sensibel, für seinen Beruf und für die rohen Sitten seiner Zeit geradezu auffallend human und gerecht, und auch mitten in chaotischen Kampfhandlungen bemühte er sich, unnötige Grausamkeit möglichst zu vermeiden.

So gab er auch, sicherlich zu spät, weil nach tagelangem Grübeln noch immer widerwillig, erst am Morgen des 13. Juli den Befehl aus, die Vorstädte von Wien, in denen der Feind leicht hätte Quartier und Deckung finden können, zu zerstören und in Brand zu stecken. Was dann, auf gut österreichische Weise, nur halb und halb geschah. Viele Bewohner der zum Schleifen und zum Verbrennen bestimmten Häuser, vor allem ältere Leute, die nicht mehr fliehen wollten, protestierten verbittert; die Zerstörungskommandos gingen auf ausdrücklichen Wunsch Starhembergs gegen die eigenen Landsleute nur selten mit Gewalt vor, sie diskutierten lieber und versuchten, die verstockten Bauern und Handwerker von der strategischen Notwendigkeit der für sie unbegreiflichen Maßnahme zu überzeugen, bekamen aber fast immer die verzweifelte Antwort zu hören, sie seien schlimmer als der gottlose Feind.

Die Türken waren überrascht, denn nach allen Regeln der damaligen Kriegskunst hätten sie rund um Wien auf ein rauchendes Trümmerfeld stoßen müssen. Das türkische Tagebuch des Feldzuges vermerkt, daß man in den Vorstädten unverhofft »anmutige Winkel und herzerfreuende Wohnstätten« gefunden habe, wo die gewaltige Streitmacht der Osmanen bequem logieren konnte, und daß Häuser, Gärten und Paläste genügend Deckung geboten hätten, um den Kampf um die Stadt aus nächster Nähe der Mauern und Bastionen beginnen zu können.

Daß die Streiter des Islam überhaupt kämpfen mußten, die Stadt nicht sofort im Handstreich genommen haben beziehungsweise daß sie nicht mit klingendem Spiel einfach einmarschierten, verdankt Wien und das christliche Abendland Großwesir Kara Mustafa. Das türkische Heer bewegte sich, obwohl durch keinen nennenswerten Widerstand aufgehalten, viel zu langsam zwischen der alten österreichisch-ungarischen Grenze bei Gáta (heute Gattendorf im Burgenland) und den Vorstädten von Wien, es schickte auch keine Stoßtruppen mit leichter Artillerie verstärkt im Gewaltmarsch voraus, war ab dem 11. Juli nur mehr vier bis fünf Stunden pro Tag unterwegs, wobei der Großwesir und seine Begleitung noch Zeit und Muße fanden, die Gegend zu besichtigen.

Wien war in diesen gewiß entscheidenden Tagen noch eine offene Stadt, es hatte zwar einen Krisenstab und einen Stadtkommandanten, aber keine Garnison. Starhemberg mußte auf seine Truppen warten, er verbrachte die Zeit mit der Beaufsichtigung der Schanzarbeiten, mit der Justierung der Kanonen, mit der Auflistung und Berechnung der Vorräte. Munition gab es anscheinend genug, auch Lebensmittel und Brennholz, vor allem aber Wein, insgesamt 169.000 Eimer voll, das waren etwa 9,7 Millionen Liter; ein Chronist aus Bayern, Johann Franz Diani, stellte fest, Wien habe während der Belagerung weit mehr Wein als Wasser gehabt und getrunken.

Die Stimmung der Bevölkerung hat sich allerdings kaum gebessert, obwohl die Wiener sich schon am 8. Juli davon überzeugen konnten, daß die kaiserliche Armee doch nicht vernichtet worden war. Am späten Vormittag zog die Kavallerie des Lothringers in schöner Ordnung wie bei einer Parade vom Osten her kommend über den Rennweg, über die Kärntner Straße, die Rotenturmstraße und dann über die Schlagbrücke des heutigen

Donaukanals in die Leopoldstadt und weiter bis zu den Auen und feuchten Wiesen im flachen Land, wo sie ihr Lager aufschlug. Viel Trost brachte das militärische Schauspiel den verzagten und verstörten Zuschauern aber nicht, denn das Gerücht ging um, der Lothringer habe die Stadt nun endgültig aufgegeben, seine Reiter jenseits der Donau in Sicherheit gebracht, um die neue Residenz des Kaisers, die man in Linz vermutete, zu schützen. Am selben Tag tauchten Tataren auf dem Kahlenberg auf, sie verbrachten dort auch den Abend, plünderten das Kamaldulenserkloster und steckten es in Brand. Das hat die Panikstimmung in der Stadt noch mehr angeheizt; man glaubte nun, Wien sei bereits auch vom Westen her abgeschnitten.

Die militärische Führung hatte ebenfalls keine verläßlichen Informationen über die tatsächliche Lage. Die Aufklärung der Kaiserlichen versagte vollends, sie wußten nicht, wo die Hauptmacht der Türken steht und auf welcher Route sie vordringen will. Ein englischer Aristokrat im österreichischen Dienst, General-Feldwachtmeister Graf Taaffe, Earl of Carlingford, schrieb in einem Brief an seinen in London lebenden Bruder: »Sie werden es vielleicht sehr sonderbar finden, daß wir über die Absichten und Bewegungen des Feindes nicht besser unterrichtet sind . . .«

Die Türken wußten ebenfalls nicht, wo sich die Truppen des Lothringers befanden, sie dachten, die Kavallerie sammle sich irgendwo nordwestlich von Wien, um den Marsch der zersprengten, von den pausenlosen Angriffen der Tataren demoralisierten Infanterie auf dem Rückzug nach Krems zu decken. Deshalb ließ sich der Großwesir Zeit, er war nach all den Berichten, die ihm seine Agenten und die Tataren übersandten, fest davon überzeugt, daß Wien, mit schwachen, veralteten Bollwerken versehen und nur von einer Bürgergarde verteidigt, in einigen Tagen kapitulieren werde.

Er hatte sich geirrt.

Am Nachmittag und am Abend des 13. Juli, im allerletzten Augenblick, zogen die für die Verteidigung von Wien abkommandierten Truppen in die Stadt ein. Der Herzog von Lothringen wollte vorerst, um die Kampfkraft seiner Feldarmee einigermaßen zu erhalten, nur höchstens 5000 Mann in die Festung legen. Nach längerem Hin und Her entschied er sich jedoch für ein weit größeres Kontingent; er schickte Starhemberg insgesamt 11.228 Mann, 10.528 Infanteristen und 700 Berittene. Es waren die Regimenter

Alt-Starhemberg, De Souches, Mannsfeld und Scherffenberg, das halbe Regiment Kaiserstein, das halbe Regiment Beck, weiterhin die Halb-Regimenter Pfalz-Neuburg, Heister und Württemberg, drei Kompanien des Regiments Thim, ein Zug des Regiments Sassoldo und 700 Reiter des Kürassierregiments Dupigny. Das Wiener Stadtguardia-Regiment, das sich innerhalb der Mauern befand und dem in Friedenszeiten der Sicherheits- und Wachdienst in der Residenz des Kaisers oblag, war 1150 Mann stark, hatte jedoch im Kampf gegen Türken und Tataren keinerlei Erfahrung.

Die Mannschaft der Linienregimenter, die der Lothringer nach Wien verlegte, war bunt gemischt; sie bestand aus Österreichern, Bayern, Schlesiern, Schwaben, Kroaten, Tschechen, Italienern, Spaniern, aus kaisertreuen Ungarn und aus geflüchteten Franzosen, darunter auch Protestanten, die der Sonnenkönig aus dem Land gejagt hatte. Die kommandierenden Offiziere hießen Daun, Hoffmann, Scherffenberg, Kottulinsky, Dubsky, Marsigly, Gall, Serényi, Leslie, degli Obizzi, Balfour, de Souches, Areyzaga, Du Dupigny, Chevalier de Gournay und Chevalier de St. Croix. Die Kanoniere, darunter 93 bürgerliche Büchsenmeister aus Wien, standen unter dem Kommando des Schlesiers Christoph von Börner; zu seinem Stab gehörten die Hauptleute Maximilian Weidlinger aus Böhmen und Heinrich Cressel aus Dänemark. Chef des Pionierdienstes war Oberingenieur Georg Rimpler aus Sachsen; die Einsätze einer aus Tiroler Bergleuten gebildeten Spezialeinheit für die unterirdische Minenbekämpfung leiteten der Wiener Stadtguardia-Hauptmann Johann Jakob Hafner und der venetianische Festungsbau-Ingenieur Bartholomeo Camuccio.

Die Stadt Wien stellte nach Wohnbezirken und in Berufsgruppen zusammengefaßt Bürgerkompanien auf: die acht Stadtviertel 1815 Mann, die Gastwirte 225, die Fleischhauer und Bierbrauer 249, die Bäcker 230, die Schuster 220, die ledigen Handwerker 362 und die Kaufmannschaft 250 Bewaffnete, die Jäger und Förster 83 Scharfschützen. Das Kontingent der Hofbediensteten, Lakaien, Diener, Kutscher, Köche und Barbiere zählte 981 Mann, es stand unter dem Kommando des Grafen Maximilian von Trauttmannsdorff. Die Kompanien der Universität waren insgesamt 700 Mann stark, zu den Befehlshabern der Herren Studiosi gehörten unter anderen die tapferen Advokaten Doktor Altmann, Doktor Müller, Doktor Suter und der berühmte Pestarzt Paul de Sorbait. Er setzte es beim

Stadtkommandanten Starhemberg durch, daß die Studenten, im Gegensatz zu allen anderen Bürger- und Berufskompanien, für die Kampftage Sold in Bargeld ausbezahlt und Sonderrationen von Wein und Brot erhielten.

Die Mitglieder der Bürgerkompanien waren nicht kaserniert, sie wohnten weiterhin zu Hause und mußten zu der von den Kommandanten festgesetzten Stunde des Tages oder der Nacht an den ihnen zugewiesenen Sammelplätzen beziehungsweise Frontabschnitten erscheinen. Schwierigkeiten gab es bei der Einquartierung der Garnison: Die Berufssoldaten der Linienregimenter mußten vorerst in den Straßen und Gassen der Stadt unter freiem Himmel oder in den gedeckten Gängen der Festungswerke übernachten. Die Bewohner von Wien hatten sich zwar gefreut, daß ein beachtlicher Teil der Feldarmee in die Stadt einrückte, um sie vor den Türken zu retten, doch die meisten Bürger waren der Meinung, die Soldaten wären besser bei den Nachbarn oder in den Klöstern aufgehoben, was wiederum die Nachbarn und die noch in der Stadt zurückgebliebene Geistlichkeit heftig in Abrede stellte. Die vom Gewaltmarsch erschöpften Regimenter verbrachten in ihren provisorischen Quartieren, um den öffentlichen Brunnen, in Toreinfahrten und Hinterhöfen, auf den Stufen und in den Kammern der Bastionen eine ruhige Nacht. Es war ihre letzte friedliche Nacht. Am nächsten Tag, an einem Mittwoch, dem 14. Juli, um die vierte Stunde nach Sonnenaufgang, stand die türkische Armee vor den Toren und Mauern von Wien.

Was kostet Wien?

Linz, zur provisorischen Residenz- und Hauptstadt bestimmt, scheint nicht mehr sicher zu sein. Kaiser und Hofstaat kommen in den Abendstunden des 13. Juli an, aber schon am 15. Juli, kurz nach Mitternacht, wird Oberstallmeister Graf Harrach aus dem Bett geholt: 17.000 Tataren nähern sich der Enns-Linie! Niemandem fällt ein, die Falschmeldung zu bezweifeln; Harrach alarmiert die Herren Kinsky und Mansfeld; sie lassen den Kaiser wecken. In Enns stehen nur eine Handvoll Infanterie, einige Kompanien der Regimenter Beck und Württemberg, nicht ganz eintausend Mann, die »Renner und Brenner« könnten in einigen Stunden dasein. Leopold erscheint im Schlafpelz, hört sich die Meldung an und plädiert für den sofortigen Aufbruch. Stallknechte, Kutscher, Diener, Damen und Kavaliere werden aus dem Schlaf gerissen, die Karossen und Bagagewagen beladen und bespannt; um fünf Uhr in der Früh fährt die Kolonne nach Aschach ab, von dort geht die Reise per Schiff weiter; als Endstation ist nun Passau vorgesehen. Das heißt aber, Leopold I. begibt sich ins Exil, oder zumindest in ein halbes Exil, denn die Bischofsstadt an der Donau liegt nicht mehr auf österreichisch-habsburgischem Territorium; sie ist ein unabhängiges geistliches Fürstentum im Heiligen Römischen Reich, wo der gewählte Kaiser nur mehr eine eher symbolische Machtstellung hat: Er kann nicht nach seinem Willen über Gebiet, Untertanen oder Finanzgebarung uneingeschränkt verfügen. So nennt man dann Passau im Sommer 1683 auch nicht Residenz- und nicht provisorische Hauptstadt, sondern bloß »Kaiserliches Hoflager«.

Leopold I., seine Familie, sein Gefolge und sein Regierungsapparat sind Gäste des Bischofs von Passau, Sebastian Graf von Pötting. Dies bedeutet allerdings nur eine rein politische Gastfreundschaft; die Kosten des Aufenthaltes muß das Haus Habsburg oder der Staat Österreich zahlen. Doch weder das Haus Habsburg noch der Staat Österreich verfügen momentan über genügend Geld; ein wohlhabender Untertan, Fürst Ferdinand zu Schwarzenberg, borgt der allerhöchsten Majestät aufs erste 150.000 Gulden, jedoch nicht auf Ehrenwort, sondern gegen durch Güter und Weinsteuern abgesicherte Schuldscheine. Der Hof lebt sparsam, das strenge spanische Zeremoniell wird gelockert, es werden keine Feste gefeiert, man trägt, wie Oberstallmeister Harrach in sein Tagebuch notiert, keine große Gala mehr, denn die wenigsten Kavaliere und Damen haben saubere Kleider, und auch der Kaiser zieht sich nur mehr »ordinari« an.

In den ersten turbulenten Tagen in Passau steht Leopold I. am Rande eines psychischen Zusammenbruchs; man hört nur schlechte Nachrichten: Die Türken hätten Wien vollständig eingeschlossen, die schönen Gärten und Paläste in den Vorstädten, Besitztümer des Kaisers und des Hochadels, seien geplündert und verwüstet. Carolus retiriert, er geht mit dem Rest seiner Armee immerfort zurück. Es gibt nur wenige Lichtblicke: Die Reiterei des Generals Graf Dünewald hat in der Nähe der Brücke Stein-Mautern eine Horde von Tataren gestellt und getötet, und die Garderobe der Kaiserin ist mit einem Schiff von Linz unversehrt angekommen.

Schon am 19. Juli, zwei Tage nach der Ankunft in Passau, schreibt Leopold I. einenen langen Brief an seinen Beichtvater und Vertrauten Marco d'Aviano nach Padua. »Gott sei Dank hat das Heer (gemeint ist die Armee des Lothringers) nicht gelitten; aber da der Schlag so unvermutet kam, durfte ich mich nicht in Wien einschließen lassen. Ich war gezwungen, eines Abends unvorbereitet die Stadt zu verlassen und einen großen Teil der Nacht zu Fuß zu gehen bei all der Unbequemlichkeit, die eine solche schnelle Flucht mit sich bringt.« Er beklagt sich, daß über seine Flucht »alle übel urteilen«, und bemerkt verbittert: »Ich bekenne, daß ich jetzt viele Demütigungen erleide.«

Doch er weiß, daß er richtig gehandelt hat, und das hat er in der Tat: In der belagerten Stadt auszuharren, wäre bloß eine sinnlose Geste gewesen. Als höchste Instanz der politischen und wirtschaftlichen Macht des österreichischen Staatsverbandes durfte Leopold I. sich von der Welt nicht abschneiden lassen; er mußte, wollte er die Gefahr erfolgreich abwenden, seine volle Handlungsfähigkeit bewahren. Seine Flucht war keineswegs, wie viele Zeitgenossen gemeint haben, ein Akt des Versagens oder gar der panischen Angst, sondern das Gebot der nüchternen Staatsräson. »Jetzt müßte man trachten«, schreibt er, »daß Wien aus dieser Drangsal befreit werde.«

Die Parole, ja das Zauberwort heißt fortan *Sukkurs,* es bedeutet Hilfe, Rettung, Beistand oder auch Entsatz, und er muß präzis geplant, umfassend organisiert und entschlossen ausgeführt werden. Leopold I. geht nicht mehr auf die Jagd, er geht nur mehr und sehr oft in die Kirche, in den Dom, in die St.-Paulus-Kirche, in das Jesuitenkolleg und hinauf zu Unser Frau Hilf' auf den Berg. Aber vor allem: Er arbeitet, zäh und bedächtig, er wächst nach und nach in die Rolle des großen Staatsmannes, des umsichtigen Politikers und des geschickten Diplomaten hinein. Denn, daß das Abendland beim österreichischen Hof geradezu Schlange gestanden wäre, um seine Hilfe für Wien begeistert anzubieten, ist ein später erfundenes historisches Märchen. Europa stellte sich, mit sehr wenig Ausnahmen, blind und taub, auch die große Mehrheit der Fürstentümer, Herzogtümer, Markgrafschaften, Landgrafschaften und Grafschaften im Heiligen Römischen Reich Deutscher Nation. Leopold I. war, wenn auch mit Polen und mit Bayern bereits Abkommen bestanden, am 19. Juli in Passau noch allein, er mußte bei Null anfangen.

Der Problemkomplex, den es innerhalb kürzester Zeit zu lösen galt, war vielschichtig, zum Teil diffus, zum Teil bereits verfahren; er bestand aus grundverschiedenen Komponenten und setzte sich aus alten und neuen Konfliktsituationen zusammen; er hatte politische, wirtschaftliche und militärische Aspekte, und dazu kamen noch die persönliche Abneigung, das demonstrativ gezeigte Mißtrauen oder der offene Streit zwischen den führenden Männern, die in Sachen Sukkurs wie eine verschworene Gemeinschaft miteinander planen, arbeiten und in den Krieg gehen sollten.

Man brauchte Geld. Man brauchte Soldaten, Ausrüstung, Munition, Proviant. Die Reichsgrenze am Rhein mußte weiterhin geschützt, die Absichten der französischen Politik erkundet, die Gefahr, die aus Versailles nach wie vor drohte, neutralisiert werden. Man mußte sich mit der ungarischen Frage und mit den zweideutigen Manövern Thökölys befassen, Versuche unternehmen, die Rebellen von den Türken zu trennen. Man mußte die Staaten des Deutschen Reiches mobilisieren, die versprochene polnische Hilfe beschleunigen, den Papst um massive Unterstützung angehen, die tatsächlichen militärischen und politischen Ziele des Sultans erfahren. Und dies alles gegen die Uhr. Denn die Grundlage des Sukkurses, eines überaus schwierigen und komplizierten Unternehmens, war bloß eine Fiktion, eine vage Hoffnung: daß Wien sich mindestens sechs Wochen lang werde halten können.

Ab dem 20. Juli wird Passau Regierungssitz und Konferenzstadt zugleich. Hofkriegsrat, Hofkammer, verschiedene Kanzleien, Räte und Schreibstuben arbeiten bereits, die Deputierten der österreichischen Länder sind auf ihren Posten, die Diplomaten der befreundeten und der neutralen Staaten nehmen ihre in Wien jäh unterbrochene Tätigkeit wieder auf; sie repräsentieren, spionieren, intrigieren und fahren aus in die liebliche Gegend. Die ersten Unterhändler aus Rom, aus Genua, aus Potsdam, aus Nürnberg und aus München treffen ein, österreichische Emissäre werden, mit detaillierten Instruktionen versehen, in Richtung Dresden, Krakau, Hannover, Madrid, Brüssel und Prag in Marsch gesetzt.

Leopold I. sucht Bundesgenossen, Herrscher, die genug Geld und genug Soldaten haben. Der Große Kurfürst von Brandenburg, Friedrich Wilhelm, obwohl durch einen Geheimvertrag dem König von Frankreich verpflichtet, erklärt sich bereit, an der Rettung des Abendlandes teilzunehmen, verlangt dafür aber einen extraorbitant hohen Preis: 1,3 Millionen Gulden, und das Herzogtum Jägerndorf in Schlesien dazu. Der Kaiser sagt vorerst entrüstet nein, bricht aber die Gespräche dann doch nicht ab; er versucht zu handeln, einen Preisnachlaß zu erreichen. Der Große Kurfürst bleibt, nicht zuletzt, weil er die ertragreiche Freundschaft des Sonnenkönigs Louis XIV. allzu billig nicht verscherzen will, unzugänglich. Der Kaiser scheitert, die Brandenburger kommen nicht, und ihr Beispiel macht im Deutschen Reich binnen kurzer Zeit Schule: Hannover sagt rundweg ab, und fast alle kleineren und größeren Potentaten nördlich der Main-Linie bedauern, nicht in der Lage zu sein, Wien Hilfe zu schicken.

Bei den Staatschefs der geistlichen Fürstentümer am Rhein, bei den regierenden Erzbischöfen von Köln und Mainz, läßt Leopold I. gar nicht erst anklopfen: Sie sind ja mit Frankreich verbündet, die düstere Vision, die katholischen Kirchen von Wien könnten bald in muslemische Moscheen umgewandelt werden, stört sie anscheinend überhaupt nicht. Dafür meldet sich ein Protestant, der Kurfürst von Sachsen, Johann Georg III.: Er würde an der Spitze seiner Armee, 10.000 Mann Fußvolk, Reiterei und Artillerie, nach Wien marschieren und gegen die Osmanen kämpfen. Doch auch er stellt Bedingungen – er kommt erst, wenn er zum Oberkommandierenden aller Hilfstruppen des Heiligen Römischen Reiches ernannt werde, weiters, wenn der Kaiser sich verpflichte, die Sachsen zu verpflegen, mit Munition reichlich zu versehen (daß einiges davon übrig bleibt) und sie am Ende der Kampfhandlungen auf österreichischem Gebiet und auf Kosten der österreichischen Staatskasse in gute Winterquartiere zu legen. Obendrein soll Leopold I. sich für die Hilfe erkenntlich zeigen, am besten durch eine kleine Landabtretung; mit Wäldern an der gemeinsamen Grenze wäre man schon zufrieden. Die Hofkammer in Passau rechnet die Forderungen durch, das Ergebnis sieht trist aus: Allein die Erhaltung der sächsisch-kurfürstlichen Armee bis in den Winter würde um die 500.000 Gulden kosten, dazu käme noch der Wert des geschenkten Landys. Doch Leopold I. stimmt nach langen und zum Teil recht peinlichen Gesprächen zu, nur Land will er nicht abtreten, nicht einen einzigen Baum in einem österreichisch-habsburgischen Wald. Er werde sich, so versichert er dem Kurfürsten, durch eine öffentliche Danksagung erkenntlich zeigen, die doch viel mehr wert sei als ein paar bewaldete Hügel im Grenzgebiet. Johann Georg III. überlegt, protestiert, droht, überlegt wieder und gibt schließlich nach. Am 22. Juli erringt Leopold I. im Kampf um Wien den ersten Sieg: Der Kurfürst unterschreibt, er kommt.

Mit Bayern hat der Kaiser bereits im Jänner 1683 einen Beistandspakt geschlossen. Kurfürst Max Emanuel II., erst 21 Jahre alt, liebenswürdig und begabt, verehrt Leopold I., und er nimmt den Kampf gegen die gottlosen Türken, heilige Pflicht eines katholischen Herrschers, sehr ernst. Schon am 12. Juli gibt er den Befehl, seine Armee solle sich sammeln und zum Marsch bereit machen. Sein Anteil am Sukkurs scheint problemlos, aber plötzlich bockt dann der gute Max, vielleicht, um die älteren, berühmten Kurfürsten nachzuahmen: Er läßt Leopold I. wissen, daß seine Truppen, um die 9000 Mann, unter der ausschließlichen und uneingeschränkten Befehlsgewalt des bayerischen Generals Hannibal Freiherr von Degenfeld stehen werden; kein Herrscher, auch der Kaiser nicht, kein verbündeter General, Offizier oder Wachtmeister darf den Bayern Befehle erteilen. Leopold I. muß dem bayerischen Kontingent Proviant, Futter und Quartiere unentgeltlich bereitstellen und für die Benützung der bayerischen Artillerie 100.000 Gulden Pachtgebühr zahlen. Das ist eine arge Überraschung, aber der Kaiser streitet nicht, er bleibt, wie immer, gleichmütig, höflich und leise, verhandelt weiter, geduldig, aber rigoros: Er zahlt für die Erhaltung der bayerischen Armee nicht, aber er verspricht, er werde dafür Sorge zu tragen haben, daß die Bayern in Österreich verbilligt einkaufen können. Er pachte keine Artillerie, er werde den Truppen des lieben Max Geschütze aus dem kaiserlichen Artilleriepark zuführen lassen. Die Verhandlungen ziehen sich bis zum 6. August; erst dann ist die Beteiligung Bayerns am Sukkurs endgültig gesichert.

Doch nicht alle, die bereit waren, Wien Hilfe zu leisten, forderten dafür einen hohen Preis. Erzbischof Maximilian Gandolf Graf von Kuenburg, Staatsoberhaupt des geistlichen Fürstentums Salzburg, eines unabhängigen Territorialstaates im Verband des Heiligen Römischen Reiches*, rüstete eintausend Mann Infanterie aus und stellte sie dem Kaiser kostenlos zur Verfügung. Maximilian Gandolf, ein steinreicher Aristokrat, hatte die Finanzen des wohlhabenden Fürstentums vorbildlich verwaltet und mit der Errichtung der mächtigen Feuerbastei auch den Bau der Festung Hohensalzburg in seiner heutigen Form abgeschlossen. Er war ein absoluter Herrscher in seiner Stadt und in seinem Land, wo er einen harten, unermüdlichen Kampf gegen die vermeintlichen Feinde der katholischen Religion und der christlichen Moral führte: gegen die Protestanten im Defereggental, die er zur Auswanderung zwang, gegen liederliche Frauen, die im berüchtigten Hexenturm bei Loreto festgesetzt, gefoltert und zum Tode auf dem Scheiterhaufen verurteilt wurden, und sogar gegen Landstreicher, die man, falls man sie auf Salzburger Hoheitsgebiet aufgriff, dem Henker übergab. So war auch das Motiv, das den Erzbischof bewegte, um Leopold I. ohne zu zögern oder gar zu feilschen, entschlossen beizustehen, ein klares, rein religiöses: die Verteidigung des wahren, des katholischen Christentums gegen die heidnischen Barbaren, Sendboten des leibhaftigen Teufels.

Politische Gründe hingegen veranlaßten Fürst Georg Friedrich von Waldeck, an der Rettung Wiens mit Truppen aus dem fränkischen Kreis ohne jegliche Bedingung teilzunehmen. Der damals 43 Jahre alte Feldmarschall, Berufssoldat und Berufspolitiker, ein gebildeter Kosmopolit, wechselte zwar oft die Landesfarben, die Sprachen und die Uniformen, aber niemals seine Gesinnung. Er kämpfte in der Armee der Niederlande, war General der Kavallerie

* Salzburg kam erst nach dem Wiener Kongreß, am 1. Mai 1816, endgültig zu Österreich.

in Schweden, Mitglied der Regierung, mit den Aufgaben eines Außenministers betraut in Brandenburg, Militärberater in Preußen. Sein politisches Ziel blieb stets unverändert: die Bekämpfung der französischen Expansion und die Demontage des Übermonarchen und Übermenschen Louis XIV. Da spielten vermutlich auch persönliche Gründe mit, denn Georg Friedrich von Waldeck hielt sich eine Zeitlang bei Hof in Versailles auf, der Sonnenkönig war sein Herr und Brotgeber. Doch das anfangs scheinbar ungetrübte Verhältnis schlug bald in Haß und Verachtung um. Der deutsche General kündigte den französischen Dienst und vertrat fortan tatkräftig die Meinung, daß die Machtgier Versailles' die politische Pestepidemie sei, die Europa ruinieren werde. Waldeck kannte sich im komplizierten Netzwerk der imperialen Strategie Frankreichs gut aus; er wußte, daß die türkische Front gleichsam eine französische ist und daß man dem Sonnenkönig auch vor Wien entscheidende Schläge versetzen kann. Er ließ das Hoflager in Passau wissen, daß er, ohne daß man mit ihm darüber langwierige Verhandlungen führen müßte, mit einer beachtlichen Streitmacht rechtzeitig zur Stelle sein werde. Seine gut gerüsteten, disziplinierten Truppen machten in der Tat Eindruck. Oberstallmeister Graf Harrach notierte in sein Tagebuch: »Es sind 6000 zu Fuß und 2000 zu Pferd, stattliche schöne Leute.«

Sie stammten aus der Gegend von Bamberg und Würzburg, aus der Grafschaft Henneberg, von den Gütern der Hohenzollern und aus der Stadt Nürnberg, waren kampferprobte Veteranen, die, schon mehrmals gegen französische Truppen eingesetzt, die Rheingrenze sichern konnten. Dort herrschte nun gespannte Ruhe, Louis XIV. taktierte diesmal vorsichtig, seine Armee bedrohte zwar nach wie vor den Rücken des Kaisers, er schlug aber plötzlich versöhnliche Töne an; eine offene Waffenhilfe für die Osmanen, ein Zweifrontenkrieg gegen Österrreich erschien ihm, aber vor allem seinen Ministern, viel zu gewagt; Frankreichs Prestige in Europa und damit seine Bündnispolitik hätten darunter zweifellos schwer zu leiden. So machte Louis XIV. am 26. Juli einen überraschenden Vorschlag: Da er die Feindseligkeiten zwischen katholischen Monarchen beilegen möchte, plädiere er für eine Kompromißlösung: Das Heilige Römische Reich, das heißt der deutsche Kaiser Leopold I., sollte den Status quo im Rheinland, die von den Franzosen mit Waffengewalt geschaffene Lage, die Eroberung von Städten und Landstrichen zunächst für die Dauer von dreißig Jahren anerkennen. Ein Friedensangebot also, in dem deutlich darauf hingewiesen wurde, daß Frankreichs Armee, falls der Kaiser nachgibt, die Westgrenze des Heiligen Römischen Reiches in absehbarer Zeit nicht mehr angreifen würde. Den türkischen Krieg, die Belagerung von Wien hatte der allerchristlichste König von Frankreich mit keinem Wort im Schriftstück erwähnt. Die Erpressung erhielt dadurch eine besonders elegante, aber auch eine besonders hinterhältige Note. Leopold I. ließ sich nicht erpressen. Er verlegte sich wieder einmal auf seine alte Taktik: Er lehnte das Angebot nicht ab, er antwortete nicht.

Auch Imre Thököly bekam, als er über Umwege Verbindung mit dem kaiserlichen Hoflager in Passau aufnahm, keine definitive Antwort. Der »Kuruzzenkönig« hielt sich mit seinen Reiterscharen, deren Kampfkraft allerdings kaum ins Gewicht fiel, nordöstlich von Preßburg, im Gebiet der Kleinen Karpaten auf, er wartete ab. Als Großwesir Kara Mustafa ihm eine Einladung schickte, an der ruhmreichen Belagerung Wiens teilzunehmen, blieb Thököly weiterhin auf nordwestungarischem Territorium, weit vom Schuß, und schickte Unterhändler nach Polen mit dem geheimen Auftrag, König Sobieski solle sich beim Kaiser für ihn verwenden. Zur selben Zeit schlug sich ein ungarischer Offizier, László Vajda, mit einem Brief des regierenden Fürsten von Siebenbürgen, Mihály Apaffy, nach Passau durch, in dem Vorschläge und Bedingungen eines noch immer möglichen Frontwechsels von Thököly unterbreitet wurden. Doch Leopold I. traute dem »Kuruzzenkönig« nicht, in seinen Augen war Thököly ein Rebell, den er als ebenbürtigen Verhandlungspartner nicht akzeptieren wollte. Gekauft hätte er den Thököly schon, denn er hatte nun genug Geld: Papst Innozenz XI. stellte für den Kampf gegen die Osmanen in erstaunlich kurzer Zeit mehr als eineinhalb Millionen Gulden zur Verfügung, Spanien, Portugal, die Toskana und die Stadtrepublik Genua, die sich allerdings mehr von Frankreich als von den Türken bedroht fühlten, machten eine weitere Million flüssig. Doch Thököly wollte kein Geld; er wollte Anerkennung, verbriefte Rechte, die Macht in Ungarn, die Leopold I., der rechtmäßige König von Ungarn, ihm niemals hätte zugestehen können. Der erneute Versuch, den aufsässigen Grafen hinzuhalten, gelang diesmal nicht, Thököly überschritt dann doch die österreichische Grenze, seine Reiter operierten mit den von den Ungarn gehaßten Tataren zusammen recht und schlecht auf dem Marchfeld, wobei die Kuruzzen scharenweise desertierten. Vor Wien erschien Thököly nicht. Er wußte nun selber nicht, wie er sich den Türken gegenüber verhalten sollte, zumal seine früheren Schirmherren und Verbündeten, die Polen, Frankreich den Rücken gekehrt und dem Sultan den Krieg erklärt hatten.

Es war kein Gerücht mehr, was armenische Händler, die von Niederösterreich mit Beute beladen nach dem Osten zogen, den Vorposten der Kuruzzen erzählten. Am 17. Juli sandte Jan Sobieski ein Schreiben an Kaiser Leopold I., in dem er versprach, so rasch wie möglich nach Wien zu marschieren: »Ich werde jeden Augenblick bei Tag und Nacht darauf wenden, um mit Gottes Hilfe die Sache der Christenheit zu unterstützen, welche durch die Bedrohung der Stadt in Gefahr schwebt.« Am nächsten Tag brach er von Warschau nach Krakau auf, wo das polnische Heer sich tatsächlich, wenn auch viel zu langsam, zu sammeln begann. Am 22. Juli schrieb Sobieski einen langen, sachlichen Brief in lateinischer Sprache an seinen ehemaligen Rivalen im Kampf um den polnischen Thron, an den Herzog von Lothringen, Oberbefehlshaber der kaiserlich-österreichischen Feldarmee: Er besitze keine Landkarten vom Aufmarschgebiet und vom Ort des Einsatzes; er bitte daher dringend um geographische Zeichnungen über Wien und seine Umgebung, weiterhin um Auskunft über den Zustand der Straßen, über die Tragfähigkeit der Brücken und über die Beschaffenheit des Geländes rund um die belagerte Stadt.

Frei nach Vauban

Die Beschaffenheit des Geländes rund um die belagerte Stadt schien für die angreifenden Türken recht vorteilhaft zu sein: In unmittelbarer Nähe der Mauern war das Terrain flach, im weiteren Umkreis gab es zahlreiche kleinere Erhebungen und Hügel, für Beobachtungsposten, Batteriestellungen und für die Gefechtsstände der Befehlshaber bestens geeignet. Der Boden war überall fest und trocken, in manchen Abschnitten auch steinig, die Schanzarbeiter mußten sich zwar plagen, aber vor einem plötzlichen Austritt von Grundwasser oder vor dem Einsturz der in die Erde gegrabenen Stellungen brauchte man sich nicht zu fürchten. Von allen Himmelsrichtungen führten solid gebaute Straßen nach Wien, was die Heranschaffung von Munition, Gerät und Verpflegung aus den hinter der Kampflinie angelegten Depots angenehm erleichterte.

In der zweiten Hälfte des 17. Jahrhunderts wurde die Belagerung einer Stadt nach einem in allen Einzelheiten ausgearbeiteten Generalplan durchgeführt. Er stammte vom berühmten Lehrmeister des Festungskrieges, Sebastien le Pêtre de Vauban, Armeeingenieur und Festungsarchitekt des Sonnenkönigs Louis XIV. Im Sommer 1683 hatten auch die Türken nach den Regeln des von ihm erarbeiteten strategisch-taktischen Modells versucht, Wien zu erobern. Die Methode Vaubans war sehr arbeitsintensiv, sie verlangte einen beträchtlichen Aufwand an Menschen, Material und auch an Zeit, hielt aber die Verluste der Belagerer, zumindest bis zum letzten entscheidenden Sturmangriff, verhältnismäßig niedrig.

Die Angreifer schlossen die Festung vollständig ein, sie schnitten sie von Nachrichten, Verstärkung, Nachschub und Lebensmittelzufuhr lückenlos ab. Dann begann das mühsame Anlegen eines komplizierten Grabensystems, das bis in die unmittelbare Nähe der Mauern vorangetrieben wurde. Der etwa zwei Meter tiefe, weitverzweigte Bau bestand aus Laufgräben, Approchen genannt, die direkt zu den Mauern der belagerten Stadt führten, aus Parallelen oder Trancheen, Verbindungsgängen zwischen den Laufgräben. Das Grabensystem, teilweise mit Brettern, Balken und Sandsäcken zugedeckt, diente als geschützter Weg für die Annäherung an die

Bollwerke der Stadt, als befestigte Frontlinie für den Feuerkampf und als getarnte Bereitstellung für die Sturmtruppen. Man schob auch die leichte Artillerie in den Laufgräben immer mehr nach vorne, um die Bastionen und Mauern aus der Nähe beschießen zu können.

Das Ziel der Angreifer war, unter dem Schutz des vielfach gesicherten Grabensystems an die Festungswerke zu gelangen, die Verteidiger durch Schüsse aus Feuerwaffen und im Nahkampf zu dezimieren, aber vor allem, die Umwallungen zu zerstören, die Bastionen zum Einsturz zu bringen, um durch eine möglichst breite Bresche in die umzingelte Stadt zu gelangen. Das Brechen der Mauern, die Beschädigung der Bollwerke, war Aufgabe der schweren Belagerungsgeschütze, die ihre Feuer oft tagelang auf einen einzigen Punkt der Verteidigungsanlagen konzentrierten. Neben den nicht immer optimal wirkungsvollen Kanonen kamen auch Minen zum Einsatz: Die Angreifer gruben unterirdische Gänge, die sie bis an die Mauern und Bastionen heranführten. Am Ende des Stollens wurde Sprengstoff aufgehäuft und gezündet. Hatte man den Tunnel richtig angelegt, war die Menge des Sprengstoffes exakt berechnet, funktionierte der damals noch ziemlich primitive Zündmechanismus, dann konnte eine Mine ein riesiges Loch in die Mauer reißen; die im Laufgraben bereitstehenden Truppen stürmten dann sofort die schwer beschädigte Anlage, um durch die Bresche oder über die Ruinen einer eingestürzten Bastion in das Innere der Festung einzudringen.

Der große Vauban (er plante und leitete in seiner mehr als fünfzigjährigen Dienstzeit zwischen 1658 und 1705 insgesamt dreiundfünfzig Belagerungen) arbeitete auch die Theorie und die Praxis für die erfolgreiche Verteidigung einer Festung aus. Feldmarschall-Leutnant Graf Starhemberg, der Stadtkommandant von Wien, stützte sich aber nur teilweise auf das als unfehlbar geltende Muster Vaubans; er verteidigte die Stadt auch nach den bereits als veraltet angesehenen Maximen von Montecuccoli (der unter anderem den Ausfall der Besatzung entschieden ablehnte); er entwickelte aber auch eigene Ideen, die sich zum Teil als recht nützlich erwiesen.

Das von Vauban vorgeschriebene Ziel der Verteidiger war, den Bau des Grabensystems zu verhindern oder zumindest zu verzögern, die Artillerie der Belagerer niederzukämpfen, die unterirdischen Gänge des Gegners, in denen er Minen zünden wollte, aufzuspüren, zum Einsturz zu bringen, die im Tunnel vordringenden Sprengmeister und ihre Gesellen zu vertreiben oder zu töten.

Den Vormarsch des Grabensystems versuchte man durch heftigen Beschuß mit Kanonen und Handfeuerwaffen aufzuhalten, weiters durch den plötzlichen Ausfall einer Elitetruppe, die die Schanzarbeiter zu vertreiben, die Geräte zu zerstören, die vorgeschobenen Geschütze zu erbeuten oder unbrauchbar zu machen trachtete. Für die oft in der Nacht durchgeführte Blitzaktion benützte man die sogenannten geheimen Ausfallpforten, getarnte Ausgänge, die man nach der Rückkehr der Kommandoeinheit wieder rasch verrammelt oder vermauert hatte. Ein leistungsfähiger Brandschutz, das sparsame Haushalten mit Munition und Proviant, eine vorbeugende Seuchenbekämpfung und nicht zuletzt die Wiederherstellung der Verbindung mit der Außenwelt mittels verkleideter Boten oder Raketensignalen gehörten ebenfalls zu den wichtigsten Gegenmaßnahmen der Verteidigung. Der psychische Zustand der Mannschaft spielte im Festungskrieg des 17. Jahrhunderts eine beachtliche Rolle: Belagerer und Verteidiger versuchten einander durch Desinformation, durch das Ausstreuen von Gerüchten, durch Versprechen von Milde und Belohnung oder durch demonstrativ verübte Grausamkeiten zu täuschen und zu verunsichern, durch die theatralische Schaustellung der eigenen Übermacht und Entschlossenheit den Gegner zur Aufgabe zu bewegen.

Die Belagerung von Wien beginnt in den Mittagsstunden des 14. Juli mit einer farbenfrohen orientalischen Kavalkade, die einem monströsen Jahrmarkt oder gar einer improvisierten Zirkusvorstellung gleicht. In einem riesigen Halbkreis von der Vorstadt St. Marx bis zum Weinort Nußdorf schlagen die Türken ihre bunt bemalten Zelte auf. Tausende von Fuhrwerken fahren vor und werden unter großem Getöse entladen, Rassepferde zur Tränke geführt, Kamele, Büffel und Ochsen zu den Sammelplätzen getrieben. Die fremdartig gekleideten Krieger versammeln sich um die mächtigen, kupfernen Kochkessel ihrer Zeltgemeinschaft, blanke Waffen blitzen auf, die prächtigen Gewänder, die mit Edelsteinen geschmückten Turbane der hohen Würdenträger, der Paschas, Agas, Beglerbegs, Kethüdas und Baschis leuchten in der prallen Sonne; Derwische mit langem weißem Bart laufen umher, Ordonnanzen, darunter auch Neger und

Araber, galoppieren scheinbar ziellos durch die Gegend, verschleierte Frauen, in Samt und Seide gehüllt, lassen sich kurz vor einem Prunkzelt oder einer schweren Karosse blicken. Die Wiener, für Gaudi und Spektakel schon immer leicht zu begeistern, versammeln sich auf den Mauern, sie klettern auf Bäume und auf Dächer, besetzen die Fenster günstig gelegener Gebäude und sehen, wie Augenzeugen einstimmig berichten, der wahrhaft überwältigenden Szenerie mehr neugierig als verängstigt zu, als würde vor den Toren ihrer Stadt nicht ein Kampf auf Leben und Tod, sondern ein märchenhaftes Volksfest vorbereitet.

Doch schon am frühen Nachmittag schlägt die Stimmung in der Stadt jäh um: Vermutlich durch Funkenflug von den noch glühenden Glutnestern der geschleiften Vororte bricht in den Stallungen des Schottenklosters, nur etwa fünfzig Schritte von dem mit Munition vollgestopften Arsenal entfernt, ein Brand aus. Starker Westwind weht, in kaum zwanzig Minuten stehen das Kloster und die Schottenkirche in Flammen. Bürgermeister Liebenberg eilt herbei, General-Wachtmeister Graf Serényi und Hauptmann Ferdinand von Heistermann vom Regiment Alt-Starhemberg erscheinen, sie stellen aus Maurern, Zimmerleuten und Rauchfangkehrern eine Löschmannschaft zusammen, wollen in das gefährdete Arsenal, um das Schießpulver mit Wasser zu übergießen, aber der kaiserliche Zeugsleutnant Kunibert von Wenzelsberg, Chef des Waffen- und Munitionsdepots, weiß in der Aufregung nicht mehr, wo er die Schlüssel des Hauses hingelegt hat. Das schwere Haupttor wird gewaltsam aufgebrochen, fast zu spät, denn die Funken fliegen bereits gegen das Dach des Arsenals, die Offiziere müssen die Löschmannschaft mit gezogenem Degen in das Gebäude jagen. Schon brennt das Wirtshaus »Zu den drei Hacken«, die Fensterrahmen des Palais Traun auf der Freyung glühen. Doch der Wind legt sich, das Arsenal kann gerettet werden. Die Menge, die nun das neue Spektakel Feuer begafft, verliert plötzlich vollends den Kopf: Man will türkische Spione, bezahlte Brandstifter am Werk gesehen haben. Ein etwa siebzehn Jahre alter Bursche, ein Strichjunge, der Frauenkleider trägt, wird zur Rede gestellt und kurzerhand erschlagen, dann ein stadtbekannter, harmloser Narr, der »Baron Zwifl«, zu Boden gerissen und zu Tode getrampelt. Der Pöbel schleppt die blutüberströmten Leichen auf den Petersfriedhof (heute Petersplatz), wo Fleischhauergesellen ihnen die Haut fachgerecht abziehen.

Nun weiß Stadtkommandant Starhemberg, daß die leichtfertigen, leutseligen und gutmütigen Wiener auch ein zweites, ein furchtbares Gesicht haben können. Die Disziplin der Zivilbevölkerung gehört aber zu den wesentlichen Grundlagen des Festungskampfes, Anarchie hingegen kann entscheidende Maßnahmen der Verteidigung paralysieren. Starhemberg läßt umgehend sichtbare Zeichen der militärischen Autorität in der Stadt aufstellen: drei Galgen, einen auf dem Hohen Markt, einen auf dem Mehlmarkt (heute: Neuer Markt) und einen auf der Freyung, wo die ersten Opfer der Belagerung durch die Hand ihrer eigenen Mitbürger ums Leben kamen.

Gegen Abend wird es dann still innerhalb der Mauern, die Wiener haben anscheinend genug gesehen, sie ziehen sich in ihre Häuser zurück, zünden kein Licht an, verriegeln die Türen und Fenster, als stünde der Feind schon in ihrer Gasse. Die Türken rumoren rund um die Stadt, sie arbeiten beim Fackelschein am Einstieg des Grabensystems, fassen Munition und Proviant, bringen ihre schweren Geschütze in Stellung. Kara Mustafa bezieht seine prunkvolle Zeltburg, die man im Garten des Palais Trautson, in der Nähe der St.-Ulrichs-Kirche, im heutigen 7. Wiener Gemeindebezirk Neubau errichtet hat.

Der Großwesir hatte einen harten, arbeitsreichen Tag hinter sich, er bestieg in Schwechat bereits im Morgengrauen sein Pferd, einen »edlen Renner«, wie das türkische Tagebuch des Feldzuges vermerkt, ruhte nach der Ankunft vor Wien nur kurz unter einem Schattendach, saß dann wieder auf, besichtigte die Festung von mehreren Seiten, hielt Kriegsrat, teilte seine Truppen in die verschiedenen Frontabschnitte ein und schickte eine in türkischer und lateinischer Sprache verfaßte Aufforderung zur Kapitulation in die Festung. Ein Delibaschi, ein hoher Offizier der leichten Kavallerie, ritt mit dem Schreiben an die Mauern heran, wo ein Kroate, ein Dolmetscher des Stabes von Starhemberg, das Schriftstück übernahm. Kara Mustafa versprach im Brief für den Fall der kampflosen Übergabe der Stadt milde und korrekte Behandlung der Garnison und der Zivilbevölkerung, im Fall von weiterem, verstocktem Widerstand den Tod: ». . . so werden wir Euch erstürmen und alles vom Kleinsten bis zum Größten über die Klinge springen lassen.« Der letzte Satz der Botschaft lautete: »Friede dem, der gehorcht.«

Die Verteidiger gehorchten nicht, Stadtkommandant Starhemberg beachtete nicht einmal das Gebot der damals üblichen Höflichkeit unter Feldherren; er sandte kein Antwortschreiben. Der Dolmetscher erschien und forderte den Delibaschi kurzerhand auf, schleunigst zu verschwinden, sonst würde er über den Haufen geschossen. Das war alles.

Ob Kara Mustafa an eine sofortige Kapitulation Wiens tatsächlich geglaubt hat, weiß man nicht; er hinterließ keine persönlichen Aufzeichnungen. Das offizielle türkische Tagebuch des Feldzuges, in vielen Details sehr sachlich und offen, sinkt, wenn es um die Taten, Worte oder auch Gedanken des Großwesirs geht, meist auf das Niveau einer penetranten Hofberichterstattung herab. Daß Kara Mustafa eine rasche, problemlose Kapitulation einer langwierigen, ruhmreichen Belagerung vorgezogen hätte, beweisen seine wiederholten Versuche, die Besatzung zur Aufgabe zu überreden, ja sogar mit dem Hoflager in Passau in Verbindung zu treten und auf der ursprünglichen Basis der Verhandlungen – Regelung der ungarischen Frage, Räumung der Festungen Györ und Komárom – Gespräche aufzunehmen.

Er sah nun, daß die Großstadt Wien bedeutend besser befestigt war, als die türkisch-tatarische Aufklärung dies berichtet hatte, und daß die Verteidiger über eine sehr starke Artillerie verfügten. Daß er mit seinen insgesamt nur neunzehn schweren Geschützen die Festung in absehbarer Zeit nicht sturmreif schießen könnte, war ihm vermutlich schon nach der ersten Besichtigung der Bollwerke klar geworden. Aber er wollte Wien, den legendären *Kizil Elma,* den Goldenen Apfel der türkischen Märchen, vorerst gar nicht stürmen lassen. Denn eine Stadt, die im Sturm genommen wurde, mußte, nach dem traditionellen Kriegsrecht der Osmanen, zu einer mit drei Tagen befristeten Plünderung für die siegreiche Armee freigegeben werden. Streckten jedoch die Verteidiger einer feindlichen Festung die Waffen, so gehörte die Stadt zuerst dem Oberbefehlshaber der Belagerungstruppen: Er durfte sich seine Beute unbegrenzt aussuchen und zusammentragen, die Streiter des Islam bekamen dann nur das, was er nicht haben wollte. Kara Mustafa, ein besessener Liebhaber von Geld, Gold und erlesenen Kunstwerken, wußte nur allzugut, wie viele Kostbarkeiten im Lauf einer dreitägigen Massenplünderung gestohlen, beschädigt, zertrampelt und verbrannt worden wären. Er wußte auch, welche Schätze er in der Haupt- und Residenzstadt des Kaisers, des »Cäsars von Rom«, finden, genußvoll begutachten und sorgfältig verpacken lassen könnte. Türkische Reisende, Händler und Diplomaten hatten die Reichtümer von Wien, einer wahrhaftig schönen Stadt, recht oft und auch recht übertrieben dargestellt. Der Großwesir wollte die Kapitulation.

Sein Ruf müßte den Wienern doch zu denken geben: In den ersten Tagen des Feldzuges wandte er ja den brutalen Terror und die großmütige Milde als wirksame Mittel der psychologischen Kriegführung abwechselnd an. Ob er einer Stadt, die ihm ihre Tore öffnete, Schutz und geordnete Verhältnisse versprach, oder einer Festung, die ihm Widerstand leistete, mit einem fürchterlichen Blutbad drohte – er hielt sein Wort.

Am 11. Juli wurde Hainburg, vierzig Kilometer östlich von Wien, im Sturm genommen, nachdem, wie das türkische Tagebuch des Feldzuges berichtet, die Garnison und die wohlhabenden, hohen Würdenträger der Gemeinde die Stadt im Stich gelassen hatten. Das gemeine Volk stellte sich überraschend zum Kampf, konnte sich aber gegen die Janitscharen des Kara Mehmed Pascha und des Deli Bekir Pascha nur einige Stunden lang halten. Nach der Eroberung der Burg begann das systematische Morden. Die Türken brachten angeblich mehr als achttausend Einwohner um, darunter auch alle Frauen und Kinder, die sie aufstöbern konnten. Etwa hundertfünfzig Bürgern gelang die Flucht zur Donau; sie retteten sich auf zwei Getreideschiffe, die im Hafen von Hainburg vor Anker lagen, fanden aber keine Ruder an Bord, saßen fest, wurden von den Janitscharen entdeckt und niedergemacht.

Die Türken bemühten sich gar nicht, den Massenmord zu vertuschen; das furchtbare Gemetzel von Hainburg wurde im ungarisch-österreichischen Grenzgebiet binnen Tagen bekannt. Mehrere Städte und Dörfer, die im Bereich der türkischen Nachschublinien lagen, darunter Ödenburg, Bruck an der Leitha, Eisenstadt, Ebreichsdorf, Pottendorf und Ebenfurt, ergaben sich nun kampflos und stellten sich unter den Schutz des Großwesirs. Sie wurden verschont, eine aus Tschauschen (Feldgendarmen) bestehende Wachmannschaft sorgte für Ruhe und Ordnung, wobei die Behandlung der Bevölkerung, wie immer in einem von feindlichen Truppen besetzten Ort, letztlich von Eigenschaften und Absichten des lokalen Kommandanten abhing. Die türkischen Schutztruppen jagten immerhin die umherstreifenden Tataren, die in der Gegend einer geschützten Gemeinde auftauchten, energisch fort, und dies wiederum veranlaßte weitere Marktflecken und Dörfer, wie etwa Gloggnitz und Schottwien, die sich schon außerhalb des Aufmarsch- und Kampfgebietes befanden, Abordnungen zu Kara Mustafa zu schicken, um ihn um Schutz zu bitten.

In den von Tschauschen, Elitesoldaten des Sultans, bewachten Ortschaften und Landstrichen wurde kaum geplündert, die Türken requirierten nicht, Lebensmittel und Futter, die sie von den Gemeinden verlangten, hatten sie stets bezahlt. Die Bevölkerung akzeptierte das türkische Geld, den Piaster; er war eine stabile Währung, und man wußte ja nicht, ob die Kaiserlichen noch jemals zurückkehren würden. Man arrangierte sich mit den Osmanen, und man arrangierte sich oft ganz gerne; vor allem die Bauern, die von den Türken ein besseres Leben erhofft hatten, nahmen den Wechsel der Herrschaft gottergeben hin. Denn das türkische Gesellschaftssystem kannte zwar noch die Sklaverei, wenn auch nur mehr im häuslichen Dienstleistungsbereich und im Bett, aber die Leibeigenschaft und die Robot, die Zwangsarbeit in der Landwirtschaft, nicht. Der Bauer war frei, und er zahlte auch bedeutend weniger Steuer als der christliche Untertan im Dorf. Im Reich des Sultans gab es keinen Geburtsadel, nur eine Beamten- und Militärhierarchie, in die aber jedermann aufsteigen konnte. Dies alles machte, zumindest im niedern Volk von Westungarn und Ostösterreich, den zweifellos gefürchteten Feind mit der Zeit auch anziehend, worüber man dann später nur ungern sprach, wie auch über die schwach oder gar nicht befestigten Städte und Dörfer, die sich, um zu überleben, unter den Schutz des Großwesirs stellten.

Doch daß man den bösen Türken nicht glauben durfte und konnte, beweist auch heute noch die Katastrophe von Perchtoldsdorf, die man lange Zeit einem hohen militärischen Würdenträger der Osmanen, dem alten Ibrahim Pascha von Buda anlastete – der jedoch mit seinen Truppen damals vor der umzingelten kaiserlichen Festung Györ in Ungarn lag. Das grausame Massaker auf dem Hauptplatz, worüber auch das türkische Tagebuch des Feldzuges kurz berichtet, ging auf das Konto einer starken Abteilung von Tataren, deren Anführer sich als türkischer Pascha ausgab und der den in der Wehrkirche verbarrikadierten Perchtoldsdorfern Schonung und Schutz versprach.

Bevor die Akinci Perchtoldsdorf besetzten, hatten die Bürger in der Spitalmühle einen Tataren gefangengenommen, der die Müllerin entführen wollte. Man hatte ihn, wie ein Augenzeuge, Wolf Schmalfuß, berichtet, »verschiedentlich gepeinigt«, dann »an sein eigenes Pferd gebunden und durch den ganzen Markt bis auf den Sankt Leonhardsberg geschleift, dort den Kopf abgeschlagen und auf eine Stange gesteckt«. Ob dies, wie übrigens auch der Perchtoldsdorfer Bürger Schmalfuß vermutete, das auslösende Moment für den Massenmord vor der Kirche war, kann man heute jedoch nicht mehr feststellen. Die Zahl der Opfer geben christliche Chronisten mit 3800 an.

Das offizielle türkische Tagebuch des Feldzuges bezeichnet die Mörder von Perchtoldsdorf verächtlich als »eine Bande von irregulären Streifzüglern«. Augenzeuge Schmalfuß berichtet wiederum, daß der gefangengenommene und gefolterte Tatar wahrscheinlich gar kein echter Höllenhund war, denn er sprach Deutsch: »In dieser Marter – nämlich während des Schleifens – hat er weiter nichts geredet, sondern sehr oft geschrien: Auweh, Jesus Maria, auweh, Jesus Maria, und stark geseufzt. Aber ja, er war ein katholischer, doch ein böser Christ, der gut Deutsch konnte . . . «

Hie und da zogen mit den »Rennern und Brennern« schon christliche Wegelagerer, entsprungene Häftlinge, verbitterte Bauern, Dorftrottel und Kinder mit. Pater Balthasar Kleinschroth, Präfekt der Sängerknabenschule des Zisterzienserklosters Heiligenkreuz, erzählt in seinem Tagebuch:

»Nicht weit vom Kloster haben (die Tataren) einen Bauernbuben hergebracht, welcher sich freiwillig unter sie begeben hat; von dieser Art gab es acht oder neun, die wohl Deutsch redeten. Er hat von ihnen begehrt, sie sollten ihm die Haare abschneiden und ihn kleiden, daß er einem rechtschaffenen Tataren gleich sei, welches sie auch getan haben. Danach hat dieser Bub einen lauten Jauchzer getan, so daß es im Wald schallte, um die Freude anzuzeigen, die ihm aus dieser Gesellschaft entstanden sei.«

Ein Tatarentrupp schleppte den Meier des Klosters Heiligenkreuz mit sich, und dieser erzählte Pater Kleinschroth: »Ich habe mit den Tataren ziehen müssen, bin aber mit ihnen nicht weiter gekommen als bis in den Prüel (vermutlich Hinterbrühl bei Mödling). Ich habe gute Tage bei ihnen gehabt. Sie sind aufgezogen wie die Ungarn, und ihr ganzes Tun ist wie das von Christen gewesen. Sie haben Wein getrunken und alles Fleisch gegessen. Alle Tage bin ich mit ihnen sternvoll betrunken schlafen gegangen.«

Gefährlich waren die Tataren anscheinend nur, wenn sie keinem Widerstand begegneten. Anton Kirchstetter, Kriegshauptmann des Melker Stiftes, urteilte über sie: Es seien »lauter Lumpenleut«, die sich bloß »troppenweis sehen lassen«; eine berittene Rotte bestehe selten aus mehr als zwanzig Mann. Melk schlug den Angriff der »Renner und Brenner« mühelos zurück, ebenso das Kloster Lilienfeld, dessen Prälat, der fast siebzig Jahre alte Matthias Kollweis, sogar zum kühnen Gegenangriff überging und die Akinci auch von der Gegend von Kirchberg und Hainfeld verjagte. Schlösser, aber auch einzelne nur notdürftig befestigte Bauernhöfe im Raum Tulln und St. Pölten, konnten sich gegen die Tataren erfolgreich halten. Die umherstreifenden, meist nur mit Pfeil und Bogen bewaffneten Reiter suchten allmählich nur mehr die von den Schloßherren und Geistlichen verlassenen, wehrlosen Dörfer heim. Dort wüteten sie dann gründlich, die Gerichtsbezirke Lilienfeld, Wilhelmsburg und Türnitz meldeten nach Ende des Feldzuges rund 360 Tote, Opfer der Tataren: 223 Bauern, Männer und Weiber, 46 Kinder und 89 Dienstboten.

Aber auch die eigene, die christliche Truppe, machte das Land westlich von Wien unsicher. In einem an den Abt von Melk, Prälat Gregor Müller, gesandten Brief schreibt ein Graf Kolowrat aus der Schallaburg: »Als unsere Reiterei und sieben Kompanien, die noch vor etlichen Tagen von hier bis Sankt Pölten gestanden von den Mordbrennern erfahren haben, haben sie sich zur Donau und bei Mautern über die Brücke begeben; anstatt uns in diesem Elend zu helfen, haben sie selbst allerorten die Leute sowohl auf den Straßen als in den Häusern angegriffen, mit Schlägen traktiert, blessiert und niedergemacht, hernach auch die Dörfer geplündert und angesteckt, welches ich allezeit am meisten besorgt und gefürchtet habe. Um Gottes willen, wie ist es möglich, mit unseren Leuten einer größeren Macht entgegenzugehen, wenn wir uns nicht trauen, dergleichen zusammengeklaubte Kanaille und liederliches Gesindel anzugreifen und dämpfen, welche keine andere Wehr als Pfeile und Säbel führen.«

Es war möglich. Die größte und wohl auch bestorganisierte Aktion der Tataren galt Wiener Neustadt. Die Bürger wurden aufgefordert, die Tore zu öffnen und sich »in den Gehorsam seiner Majestät, des glückseligen Chan« zu begeben. Der schriftlich versprochene Schutz wäre gar nicht so teuer gewesen: Der glückselige Chan Murad Ghirey verlangte bloß eintausend Goldtaler, einen schönen Zobelpelz und fünfzig gute Pferde. Wiener Neustadt, allerdings von Berufssoldaten des Dragonerregiments Castell verteidigt, lehnte brüsk ab. Die Tataren zogen sich zurück, und sie kamen auch nie wieder.

Unternehmen Seilerstätte

Das türkische Heer selbst wagte sich nicht sehr weit nach dem Westen vor. Die tödliche Bedrohung des Abendlandes hörte gleich hinter Wien, an der Linie Baden–Mödling–Mauer–Weidling–Bisamberg–Korneuburg auf. Truppen des Bekir Pascha von Aleppo hatten zweimal versucht, Klosterneuburg zu nehmen, scheiterten aber vor den Mauern des Stiftes. Kara Mustafa schenkte dem Ort dann, immerhin einer strategisch wichtigen Schlüsselposition an der von Westen entlang der Donau nach Wien führenden Hauptstraße, keine Beachtung mehr. Er konzentrierte sich, ohne die Umgebung von Wien weiträumig zu sichern, nur auf die Haupt- und Residenzstadt des Kaisers, und er wollte mit seinen Kräften anscheinend schon zu Beginn der Kampfhandlungen sparen.

Georg Christoph Kuniz, nun unfreiwilliger Zaungast des großen militärischen Schauspiels, mitten im türkischen Lager in einem behaglichen Zelt und mit eigener Dienerschaft untergebracht, streckte wieder seine Fühler aus und stellte an Hand seiner neuesten Informationen Berechnungen an. Am 19. Juli, am vierten Tag der Belagerung, notierte er: »Also wenn der Calculus gezogen wird, seindth nicht 90.000 Mann, die da Dienste thuen.«

Sie haben ihre Dienste zum Teil recht schleppend und säumig getan. Wien wurde erst am 18. Juli, in der Nacht von Sonntag auf Montag, vollständig eingeschlossen. Vollständig, aber nicht lückenlos. In der Vorstadt Roßau, am heutigen Donaukanal, lagen Rumänen, etwa 10.000 Mann, Truppen aus der Moldau und der Walachei, Hilfskontingente, die an dem Feldzug nur unter Zwang teilnahmen. Sie führten ihre Fahnen, auf denen das Kruzifix und das Bildnis der Jungfrau Maria zu sehen waren, offen mit, und sie hörten an jedem Sonntag vor einem großen Holzkreuz die heilige Messe. Sie standen unter dem Kommando des christlichen Fürsten der Walachei, Serban Cantacuzino II., der sich keineswegs bemühte, seine Leute für die Sache der Osmanen ins Feuer zu schicken. Kuniz stellte zu ihm bald eine direkte Verbindung her, seine Diener spazierten ungehindert in das rumänische Lager, die Türken merkten es nicht, oder sie interessierten sich nicht dafür. Der findige Baron konnte bereits am 22. Juli durch die Linie der Rumänen einen Brief in die belagerte Stadt senden, in dem er über die ersten Verluste der Türken und über die Hilfe des Fürsten der Walachei berichtete: »Er (Cantacuzino) ließe mir wissen, daß er mit denen Seinigen den Kaiserlichen allzeit den Vortheil zu lassen sich erbiete.« Er versprach auch, Boten, ob sie von Kuniz oder aus der Stadt kommen würden, verkleidet unter seinen Soldaten zu verstecken und »solche Leuth zu kaiserlichen Diensten an all Orth, wohin sie selbst Anleitung geben werden, durch sein eigen Guardiam convoyiren zu lassen«. Denn er wünsche »nichts Höheres, als die kaiserlichen Waffen wider diesen Erbfeind obsiegen«.

Die Bevölkerung von Wien erfuhr bald, daß man die eingeschlossene Stadt, und nicht nur durch den rumänischen Abschnitt, heimlich verlassen konnte. Denn auch die Türken drückten hie und da ein Auge zu – um Geschäfte zu machen. Am 23. Juli gab Graf Starhemberg dem Stadtrat bekannt, daß Frauen beim Schottentor und beim Stubentor über die Mauern und Palisaden stiegen, in das türkische Lager gingen, wo sie große Mengen von Obst und Gemüse einkauften. Der Stadtrat beschloß, die »Mauergänger« streng zu bestrafen, was aber anscheinend nichts nützte. Denn fast drei Wochen später wurden die Marktrichter von Wien aufgefordert, die Wucherpreise des in die Stadt gebrachten Obstes und Gemüses zu beanstanden. Die Janitscharen wiederum erwischten armenische Feldbäcker, die den Bewohnern der Festung frisches türkisches Militärbrot verkauften. Die Strafe fiel überraschend mild aus: Die Bäcker wurden nicht geköpft, nur gehörig verprügelt.

Am 25. Juli schickte Kuniz mit Hilfe des Fürsten Cantacuzino seinen Diener, Jakob Haider, in die Stadt, um Starhemberg zu warnen: Die rumänischen Hilfstruppen müssen seit Tagen Bauholz für die Errichtung unterirdischer Gänge sammeln, die Türken bereiten sich anscheinend auf einen großangelegten Minenkampf vor.

Was schon mehr oder minder eine Notmaßnahme war. Denn Kara Mustafa wußte bereits, daß seine Artillerie nicht viel ausrichten konnte. Die Kanonade begann gleich in den Morgenstunden des 15. Juli, am ersten Tag der Belagerung, aber sie blieb auch nach einer Woche so gut wie wirkungslos. Die schweren türkischen Geschütze, die neunzehn Stück Kolumbrinen, standen, in Batterien von je drei Kanonen zusammengefaßt, im Garten des Palais Gonzaga (später

Palais Dietrichstein) hinter dem Kloster der Schwarzspanier, im Park des Palais Schwarzenberg, bei dem sogenannten Roten Hof dem Burgtor gegenüber, im Kalchschmiedischen Garten in der Nähe der Löwelbastei und auf der Taborinsel, jenseits des Donaukanals, wo eine Vierer-Batterie in Stellung gebracht worden war. Die türkischen Kanoniere gaben sechs bis acht Schüsse in der Stunde ab, aber sie schossen schlecht, entweder zu hoch oder zu kurz. In der belagerten Stadt machte ein vielversprechendes Gerücht die Runde: Ahmed Bey, der Oberkommandierende der türkischen Artillerie, ein ehemaliger französischer Kapuzinermönch, wäre angesichts der Kirchtürme von Wien von Gewissensbissen und von Höllenangst geplagt; er lasse die türkischen Kanonen absichtlich danebenschießen, um den wahren, den katholischen Gott nicht noch mehr herauszufordern.

Ahmed Bey, der *Toptschubaschi* (Artillerieoberst) im Heer des Großwesirs, war tatsächlich ein zum Islam konvertierter französischer Kapuzinermönch. Aber daß er die Stadt bewußt geschont hätte, dafür gab und gibt es keinen Beweis. Die türkische Artillerie, zu Beginn des 16. Jahrhunderts noch die beste der Welt, war gegen Ende des 17. Jahrhunderts hoffnungslos veraltet. Sie schoß zum Teil noch händisch bearbeitete Steinkugeln und Vollkugeln aus Eisen, nur selten Granaten, die im Ziel explodierten. Die kaiserlichen Kanoniere verwendeten schon hölzerne Schießtafeln, die, in Punkte und Grade eingeteilt, zur Bestimmung der für die gewünschte Distanz notwendigen Pulverladung dienten; die Osmanen arbeiteten einfach nach Augenmaß. Die türkischen Geschützrohre wurden mittels Holzkeilen in die Schußhöhe gebracht, die kaiserlichen hingegen mit Hilfe einer damals als hochmodern geltenden Richtschraube. Das Ziel hatte man auf beiden Seiten direkt, das heißt über ein am Rohr befestigtes Metallkorn oder durch einen Reif anvisiert. Den unvermeidlichen Rückstoß des Geschützes hielt man für schädlich und versuchte, ihn unter Anwendung verschiedener provisorischer Bremsvorrichtungen zu verhindern, was nach etwa fünfzig Schüssen die Lafette ruinierte. Von der Schwerkraft, die neben der Witterung die Flugbahn der glattpolierten Kugel wesentlich beeinflußte, hatten Türken und Österreicher nur vage Vorstellungen. Man nannte die Schwerkraft den »natürlichen Trieb« und glaubte daran, daß er die Kugel veranlasse, gegen Ende ihrer Flugbahn den Mittelpunkt der Erde zu suchen. Viele Büchsenmeister (Batteriekommandeure) griffen noch nach Geheimrezepten und Zaubermitteln, um die Wirkung ihrer Kanonen zu steigern. Die Türken kühlten die Rohre mit nassem Ziegenfell, das dem Geschütz mehr Kraft verleihen sollte. Die österreichischen Büchsenmeister schmierten, um besser zu treffen, die Bohrung der Kanone mit einer Wundersalbe ein, die aus in Branntwein gelöstem Salpeter, Schweinefett, Kampfer und Kamillenöl bestand.

Um eine stark ausgebaute Bastion wie die Burgbastei oder die Stubenbastei in Wien zu zerstören, brauchte man mindestens 100 bis 120 Volltreffer der schweren Geschütze – eine Anforderung, der die Artillerie des Ahmed Bey nicht im entferntesten entsprach. Die 120 kleinen Sahi-Kanonen der Türken waren wiederum zu schwach, um mit ihnen feste Mauern beschädigen zu können; sie kamen daher nur gegen Holzbarrieren und Menschen zum Einsatz.

Der Kampf um Wien wurde in erster Linie von der Infanterie ausgefochten; es war fast immer ein Kampf Mann gegen Mann, in dem die Hieb- und Stichwaffen die entscheidende Rolle spielten. Die Handfeuerwaffen waren in der zweiten Hälfte des 17. Jahrhunderts noch weit nicht so wirkungsvoll und gefährlich wie Säbel, Lanzen, Dolche und Streitkolben. Die einzelnen Aktionen hatte man zwar, vornehmlich nach der Lehre des großen Vauban, geplant, die Ausführung jedoch, das Gefecht im Grabensystem und im Vorfeld der Bollwerke, unterlag dann meist keinerlei strategischen oder taktischen Grundsätzen: Die Gegner prallten in ungeordneten Haufen aufeinander, es entstand eine wilde, chaotische Rauferei, in der Blutrausch, panische Angst und unbändiger Haß gegen fremde, andersgeartete Menschen die treibenden Kräfte waren. Die Chronik der Kämpfe besteht daher im Grunde aus einer monotonen Reihe von einander sehr ähnlich abgelaufenen Aktionen, in denen Köpfe ein- und abgeschlagen, Bäuche aufgeschlitzt, Hände abgehackt, Kniescheiben zertrümmert, Augen ausgestochen, Schulterknochen zerschmettert, Brustkörbe eingedrückt, Rippen zerbrochen, die Verwundeten umgebracht und die Toten ausgeplündert wurden.

Oberstleutnant Johann Georg von Hoffmann, ein Verbindungsoffizier der kaiserlichen Feldarmee beim Stab des Stadtkommandanten Starhemberg, der über die Belagerung in französischer Sprache Tagebuch führte, berichtet freudig vom Glück eines Herrn Studiosus (Mitglied einer Studentenkompanie der Universität), der einen Türken »erlegte, danach den toten Körper mit einer Hellebarde durch die Palisaden zog; und weil die Erfahrung gelehrt hat, daß die Türken, entweder zur Stärkung des Magens oder daß die Christen keine sonderliche Beute machen möchten, wenn sie totgeschossen würden, die zusammengerollten Dukaten zu verschlucken pflegten, so schnitt er dem Türken ohne Zeremonie den Leib auf und fand in seinem Magen sechs zusammengerollte Dukaten«.

Auch abgeschnittene Köpfe brachten Gewinn. Kara Mustafa schenkte tapferen Kriegern, die ihre Erfolge im Kampf durch vorgelegte frische Köpfe bewiesen, Goldstücke oder einen Haufen der türkischen Wechselmünze Asper. Da man aber im wilden Durcheinander eines blutigen Gefechts die Köpfe nur schwer zusammenklauben und verstauen konnte, gingen die tapferen Krieger dazu über, irgendwelche Köpfe außerhalb der Gefahrenzone zu besorgen: Sie mordeten Gefangene oder begnügten sich mit einem nicht allzu alten Bauern, den sie in der Nähe ihres Zeltlagers erwischen konnten.

Schon in der ersten Woche der Belagerung wurde der Krieg auf beiden Seiten mit unbarmherziger, ja zuweilen mit sadistischer Härte geführt. Doch die Verteidiger, vor allem die Berufssoldaten der Garnison, ließen sich nicht einschüchtern; sie kämpften verbissen und gekonnt, sie waren bestens ausgebildete Fachleute ihres Handwerks, und Stadtkommandant Starhemberg sorgte dafür, daß sie trotz der enormen physischen und psychischen Belastung bei guter Laune blieben. Sie bekamen genügend Lebensmittel und Wein, auch Aufmunterung und Trost von den in Wien zahlreich eingeschlossenen, berufsmäßig schlecht beleumundeten Frauen, und, was für sie besonders wichtig war, sie erhielten ihren verbesserten Lohn pünktlich. Schon am 21. Juli, am siebenten Tag der Belagerung, wurde die erste, am 31. Juli die zweite Hälfte des vereinbarten, pro Tag um einen Gulden erhöhten Monatssolds ausbezahlt, und am 12. August gab es wieder ein halbes Monatsgehalt in bar.

In der Kasse der Stadt befanden sich Anfang Juli insgesamt nur 30.000 Gulden. Nach Berechnungen Starhembergs kosteten jedoch allein die Berufssoldaten die Garnison pro Monat mehr als 40.000 Gulden. Das für die Verteidigung entscheidende Problem wurde durch eine wundersame Geldvermehrung gelöst, durch das Unternehmen Szelepcsényi, das als umstrittener Coup eines streitbaren Geistlichen in die Geschichte einging, um dann in den meisten Berichten über die Belagerung von Wien mit keinem Wort erwähnt zu werden. Der Held, dem durch die ungewöhnliche Finanzaktion ein Löwenanteil an der Rettung Wiens zukommt, Leopold Graf Kollonitsch, war zweifellos eine recht widersprüchliche Figur der barocken Türkenzeit. Er stammte aus einer kroatischen Soldatenfamilie, kam 1631 in der ungarischen Stadt Komárom (Komorn), wo sein Vater als Festungskommandant des Kaisers diente, auf die Welt, trat im Alter von neunzehn Jahren dem Malteserorden bei, kämpfte auf der Insel Kreta gegen die Osmanen, tötete mehrere Türken im Nahkampf, zeichnete sich in den Gefechten immer wieder aus und wurde für kurze Zeit zum Kastellan von Malta ernannt. Doch er wollte Priester werden, kehrte nach Österreich zurück, studierte Theologie und machte in der Kirche Karriere. Mit siebenunddreißig Jahren war er bereits Bischof von Nyitra (Neutra) in Oberungarn, mit neununddreißig Jahren Bischof von Wiener Neustadt, und er war ein berühmter, gefürchteter Gegner der Protestanten und ein eifriger Verfolger der Juden, die er »schädliches Unkraut« nannte, das man vertilgen müsse. Er machte sich als Richter des berüchtigten Bluttribunals, das protestantische Geistliche foltern, auf die Galeeren schicken oder hinrichten ließ, einen Namen, aber auch als wohltätiger Beschützer der Armen, der Waisen und der Kranken. Er war gradlinig, unbestechlich und bescheiden, er nahm die christliche Demut ebenso ernst wie den gnadenlosen, im Grunde unchristlichen Kampf gegen die Feinde des katholischen Glaubens.

Kollonitsch begab sich freiwillig in die bedrohte Stadt, um seine Dienste als oberster Seelsorger an Stelle des geflüchteten Bischofs Sinelli dem Geheimen Deputiertenkollegium anzubieten. Er übernahm zunächst die Aufsicht über die Notspitäler, über die Kranken, über die mittellosen Witwen, über die Bettler und über die Kinder, die ihre Eltern während der Kämpfe verloren hatten. Er wußte bald, daß weder die Stadtverwaltung noch die Militärbehörde genügend Geld besaßen, um die Soldaten der Garnison zufriedenzustellen, was früher oder später die Kapitulation bedeuten müßte. Er wußte aber auch, daß der Fürstprimas von Ungarn, György Szelepcsényi, Erzbischof von Esztergom (Gran), ein rüstiger Greis von achtundachtzig Jahren, ein geldgieriger Sammler, den Kollonitsch nicht gerade verehrte, auf der Flucht nach dem Westen sein ganzes sagenhaftes Vermögen in Wien versteckt hatte. Kollonitsch besorgte sich eine schriftliche Genehmigung vom Geheimen Deputiertenkollegium – das für die Sache gar nicht zuständig war –, und er nahm am 19. Juli zur Öffnung des fürstbischöflichen Hauses in Wien, in der heutigen Seilerstätte 20, auch den kaiserlichen Hofkriegszahlamts-Kontrollor Johann Michael Eineder als Zeugen und Schriftführer mit. Sie arbeiteten zwei Tage und zwei Nächte in den Gewölben, fanden Juwelen, Goldgefäße und Geld in verschiedenen Währungen im Gesamtwert von 499.780 Gulden und 7 Kreuzer – eine geradezu märchenhafte Beute, die Kollonitsch im Namen des Geheimen Deputiertenkollegiums und unter Berufung auf die außerordentliche Not beschlagnahmte. Die Goldgefäße lieferte er gleich in die Münze in der Wollzeile ab, wo der kaiserliche Münzmeister Matthias Mittermayr mit seinem Gehilfen Sigmund Hammerschmid daraus sofort neue Dukaten prägte. Die finanzielle Basis der Verteidigung war damit für lange Zeit mehr als ausreichend gesichert.

Als Fürstprimas Szelepcsényi erfuhr, daß sein in Wien verstecktes Vermögen gefunden und für die Rettung des Abendlandes verwendet wurde, war er tief betroffen: Er drohte mit einem Prozeß, er schrieb Brandbriefe an den Papst, an den Kaiser und auch an Bischof Kollonitsch, den er darauf aufmerksam machte, daß »Pietät und Gerechtigkeit zum Himmel aufschreien«, da er sein »ganzes, durch dreiundvierzigjährige Mühe erworbenes Vermögen« verloren hätte.

György Szelepcsényi war in Ungarn verhaßt. Als er im Dezember 1683 ein Verfahren in Sachen seiner geraubten Schätze in Rom einleiten ließ, erhielt Leopold Kollonitsch vom ältesten Würdenträger der ungarischen Kirche, dem einundneunzig Jahre alten Erzbischof von Kalocsa, György Széchenyi, einen ironisch-witzigen Brief mit einem warmherzigen Angebot von Hilfe und Beistand:

»Sollte man da nicht untersuchen, woher dieser Schatz zusammengeflossen? Auf keine andere Weise, als ich und das ganze Königreich Ungarn in Folge der vielfachen Erpressungen jenes Mannes für diesen Schatz zusammengescharrt haben. Und siehe, wie gut es sich traf; durch den Richtspruch des allgerechten Gottes wurde durch jenen schnöden Mammon Wien befreit; ja der Herr Fürstprimas mag Gott dafür danken und es sich zur Ehre anrechnen. Wenn Du mein Bruder irgend welche Unannehmlichkeiten und Beschuldigungen zu tragen hättest, nimm mich an Stelle des Simon von Ciraene, der herbeigeholt wurde, um Christus das Kreuz tragen zu helfen.«

In seinem Brief an Kollonitsch machte Erzbischof Széchenyi auch einen recht süffisanten Vorschlag: »Man solle vor dem Kärntnerthore eine Säule errichten mit der Inschrift: ›Der durch eine so lange Reihe von Jahren zusammengescharrte Schatz des Herrn Fürstprimas Georg Szelepcsényi wurde preisgegeben zur Verteidigung dieser Stadt im Jahre 1683‹. Zur Errichtung der Säule will ich tausend Thaler beisteuern . . .«

Das Denkmal für das Vermögen des Fürstprimas von Ungarn wurde in Wien freilich nie errichtet. Szelepcsényi hat bis zu seinem Tod im Januar 1685 immer wieder versucht, vom Papst, vom Kaiser, von der Stadt Wien und von Kollonitsch eine angemessene Entschädigung zu erhalten, aber er bekam nichts. Starhemberg und das Geheime Deputiertenkollegium hatten die Riesensumme treu verwaltet; Hofkriegszahlamt-Kontrollor Johann Michael Eineder legte dem Hof am 27. März 1684 eine detaillierte Aufzeichnung über alle Ausgaben der Verteidigung vor: Demnach kostete die Belagerung von Wien den österreichischen Staat 221.224 Gulden und 4 Kreuzer. Weitere 200.000 Gulden übergab Eineder der Feldarmee des Herzogs von Lothringen, 108.556 Gulden und 3 Kreuzer nahm die Hofkammer, das damalige Finanzministerium, für die Unkosten des in Passau vorbereiteten und in Raten bezahlten Sukkurses in Empfang. Die Abrechnung beinhaltete auch die 30.000 Gulden, die zu Beginn der Belagerung in der Gemeindekasse Wiens lagen.

Geld hatte die eingeschlossene Stadt nun mehr als genug, Starhemberg ging mit den finanziellen Mitteln dennoch sparsam um, er verteilte weder großzügig Geschenke an die Mannschaft, noch ließ er sich von manchen Wienern, die auch in der höchsten Not an handfeste materielle Vorteile dachten, erpressen. So verlangten sechsunddreißig bürgerliche Büchsenmeister (Batteriekommandeure), die pro Woche sechs Gulden erhielten, eine Lohnerhöhung um mehr als 150 Prozent. Starhemberg lehnte ab. Bei den Wiener Waffenschmieden wurden für den Nahkampf zweitausend Morgensterne bestellt. Die Meister wollten 85 Kreuzer je Stück, Starhemberg zahlte nur 40 Kreuzer. Die Schuster forderten bereits am 17. Juli überhöhte Preise für neue Soldatenstiefel, Starhemberg verwies barsch auf die in der Stadt aufgestellten Galgen. Er war auch nicht bereit, Lebensmittel für die Besatzung auf dem Schwarzmarkt zu kaufen. Hofkriegsrat Johann Peter von Vaelckeren berichtet, daß während der Belagerung Fleisch in ausreichenden Mengen angeboten wurde, nur daß das »Fleischhackergesinde« die Preise immer mehr in die Höhe trieb, so daß man »die Leute hat lamentieren hören, sie könnten nicht ein Pfund Fleisch bekommen; denn der Abgang war nicht am Fleische, sondern am Geld, weil es nicht Jedermanns Thun war, so viel Geld um ein Pfund Fleisch auszugeben«.

Auch die Bäcker machten Schwierigkeiten: »Sie suchten sich zu helfen, indem sie viel schwarzes Mehl unter das weiße mischten und Mehl und Grieß heimlich zu höheren Preisen verkauften.« Die Ärzte und Krankenpfleger in den Notspitälern stellten ebenfalls Gehaltsforderungen, doch Bischof Kollonitsch blieb eisern bei dem zu Beginn der Belagerung ausgehandelten Vertrag: Ein Doctor erhielt 50 Gulden pro Monat, ein Barbier (Hilfsdoktor, Krankenpfleger) 5 Gulden und 20 Kreuzer. Die Apotheker verlangten Wucherpreise für die meistgefragten Medikamente, Starhemberg und Kollonitsch mußten mit dem Obmann ihrer Innung, Magister Sigmund Punz, Inhaber der Apotheke »Zum Greifen«, hart verhandeln. Das Ergebnis war, trotz Drohung mit dem Galgen, nicht ganz zufriedenstellend. Die Apotheke des Bürgerspitals, die der Jesuiten im Mölkerhof und die Apotheke »Zum Mohren« verkauften Arzneien weiterhin zu erhöhten Preisen.

Anfang August bereitete das Geheime Deputiertenkollegium dem unkontrollierten Preisauftrieb ein Ende: In Wien wurden behördlich festgesetzte Höchstpreise eingeführt. Sie lagen etwa um hundert Prozent über den Preisen vor dem Ausbruch des Türkenkrieges: Ein Pfund (ein halbes Kilo) Rindfleisch durfte anstatt 3 Kreuzer 6 Kreuzer kosten, Schweinefleisch anstatt 5 Kreuzer 8 Kreuzer, eine Gans 54 Kreuzer (früher 30 Kreuzer), ein Laib Brot, der etwa eineinhalb Kilo wog, 4 Kreuzer (früher 2 Kreuzer). Trotz Beschuß der Türken wurde im Stadtgraben regelmäßig gefischt, die Wiener konnten an jedem Freitag frische Karpfen kaufen, allerdings kostete der Fisch pro Kilogramm zwei Gulden.

Die Spione und die Toten

Bereits in der letzten Juliwoche hatte sich Bischof Kollonitsch bemüht, für Kranke und Verwundete hochwertige Lebensmittel, wie Reis und Gemüse, aufzukaufen und für kurze Zeit einzulagern. Die bürgerlichen Handelsleute wurden aufgefordert, »Victualien in einem billigen Preis anzubieten und zu einem schärferen Einsehen keine Ursache zu geben«, die Bäcker ermahnt, für die »Blessierten« auch weißes Brot zu backen.

In den schon überfüllten Notspitälern verschlechterte sich die Lage zusehends; es mangelte an Medikamenten, an Verpflegung, an Verbandszeug – und nicht zuletzt an christlicher Nächstenliebe. Die verwundeten Soldaten ließ man in ihren zerfetzten, versengten Uniformen umherliegen, so daß sich Fälle von Wundbrand und Blutvergiftung immer mehr häuften. Am 25. Juli gelang es Kollonitsch, im Handelshaus »Zur blauen Krone« am Graben eine große Menge von Leinwand aufzutreiben. Doch der ehrbare Kaufmann Mathias Hendl, Inhaber des Geschäftes, dachte nicht daran, seine wertvolle Ware für die Verteidigung von Wien zu opfern. Kollonitsch mußte zahlen, Händler Hendl kassierte 1009 Gulden und 54 Kreuzer. Der Bischof trommelte Näherinnen zusammen und gab 2300 »Krankengewänder«, einfache weiße Hemden, in Auftrag. Aber auch die Näherinnen arbeiteten für die verwundeten Soldaten nicht kostenlos, sie verlangten 4 Kreuzer pro Hemd.

Am 26. Juli besuchte eine Kommission des Geheimen Deputiertenkollegiums die Notspitäler der Pazmaniten, der Augustiner, der Franziskaner, der Dorotheer und der Minoriten, und sie fand erbärmliche Zustände vor: »Die allda befindenden Kranken und blessierten Soldaten liegen auf der harten, bloßen Erde und müssen dort kuriert werden.« Die Dominikaner und die Barmherzigen Brüder hingegen, die in allen Notspitälern rund um die Uhr Dienst taten, sorgten vorbildlich für die Kranken und Verwundeten; sie waren nach einstimmigen Berichten der Militär- und Zivilbehörden die besten und fähigsten Krankenpfleger.

Die Jesuiten, die Aristokraten des Ordenswesens in Österreich, weigerten sich, Kranke und Verwundete in ihr Kollegium aufzunehmen, sie aus ihren reichlichen Vorräten zu verpflegen, Tote auf ihrem Grund und Boden zu bestatten. Aber auch der Benediktinerpater Bernardus, Hofmeister des Melker Hofes, widersetzte sich anfangs dem Geheimen Deputiertenkollegium; er berichtete über die Belästigungen, die er erdulden mußte, in einem Brief an seinen Abt Gregor Müller:

»Es war auch keine kleine Plage, welche die Kommissare uns verursacht haben . . .« Sie hatten ihn aufgefordert, »daß ich die blessierten Soldaten aus dem Souchesseschen Regiment aufnehmen soll, weil so viele von ihnen verletzt wurden, daß es nicht möglich ist, sie noch lebend bis zu den Dominikanern hinzubringen. Obwohl ich mich bei dem Souchesseschen Oberstwachtmeister darüber beschwert habe und auch den Pater Henricus mit einem Memorial zu dem Kommandanten Graf Starhemberg und zu dem geheimen Ratspräsidenten Graf Kaplíř geschickt habe, hat es dennoch nicht geholfen, sondern ich war gezwungen, mich auf 40 Personen einzulassen. Weil sich aber die Zahl jederzeit vermehrt hat, auch kein Tag vorbeigegangen ist, daß nicht eine oder zwei Personen in dem Hof gestorben sind, so habe ich mich auf jede Weise widersetzt, einen mehr hereinzulassen. Danach ist mir gedroht worden, daß man einem Trupp Soldaten kommandieren wolle, das Tor mit Gewalt aufzusprengen . . .«

Pater Bernardus fügte sich. Auch die Jesuiten gaben nach, sie richteten in ihrer Schule ein Notspital ein. Die Schulen wurden bereits am 7. Juli geschlossen, für die Kinder gab es Ferien für unbestimmte Zeit. Starhemberg setzte auch die meisten früheren Verordnungen der Geistlichkeit, die er für die Verteidigung der Stadt für nutzlos hielt, außer Kraft: So läuteten ab dem 27. Juli keine Glocken mehr in Wien, der öffentliche Kniefall und der Gebetzwang wurden aufgehoben. Die Denunzianten verlegten sich auf das Gebiet der Wehrzersetzung: Ein Zimmermanngeselle wurde angezeigt und vor das kaiserliche Stadtgericht gebracht, weil er sich im betrunkenen Zustand darüber beschwert hatte, daß die Handwerker unter Lebensgefahr und ohne Bezahlung auf den Bastionen Dienst tun müssen. Das wertete man als Aufwiegelung, ein Delikt, auf das die Todesstrafe stand. Doch Starhemberg ließ den Mann laufen. Er hatte andere Sorgen, er mußte seinen Befehl, alle Häuser von Wien schleunigst abzudecken, die leicht entflammbaren Schindeldächer zu entfernen, um einem Großbrand in der Stadt vorzubeugen, gegen wiederholte Proteste der Hauseigentümer durchsetzen. Er ordnete auch an, die Pflastersteine der Straßen aufzureißen, daß die türkischen Kanonenkugeln, die im Stadtgebiet einschlugen, durch die umherfliegenden Steine und Basaltsplitter nicht noch mehr Schaden verursachten. Die Geschosse versanken tatsächlich meist ohne Wirkung in den weichen Sand der von ihrem Belag entblößten Gassen. Die Pflastersteine schaffte man an die Bastionen, man baute daraus zusätzliche Barrieren, oder man verwendete sie als Waffe, indem man sie als Wurfgeschosse gegen die vordringenden Türken schleuderte.

Auf Befehl Starhembergs machten Caspar Pätzinger, Beisitzer des kaiserlichen Stadtgerichts, und Dr. Nikolaus Hocke, Stadtrat und Gemeindeschreiber, die sichersten Keller Wiens ausfindig, um die Pulvervorräte der Verteidiger dort einzulagern. Die Munition wurde dann in der Gruft des Jesuiten-Profeßhauses Am Hof, im Keller des Amtshauses in der heutigen Rauhensteingasse 10, in den unterirdischen Gewölben des Regensburgerhofes (heute Sonnenfelsgasse 2), im Vorratslager des Freisingerhofes (heute Graben 20) und in den tiefen Kellern einiger kleinerer Privathäuser untergebracht. Da gab es wieder heftige Proteste: Besitzer und Bewohner der betroffenen Gebäude wollten das hochbrisante Material nicht aufnehmen; sie meinten, Schießpulver und Artilleriegeschosse gehörten unter ständige Bewachung gestellt, ins Arsenal.

Seit dem Brand des Schottenklosters hatte sich die latente Furcht vor den angeblich in die Stadt geschleusten türkischen Agenten nicht mehr gelegt; man glaubte, daß die Häuser, die für die Einlagerung von Pulver bestimmt worden waren, auch Kara Mustafa bald bekannt werden und die Geschütze der Osmanen sie mit Brandbomben belegen würden. Die Wiener überschätzten den praktisch kaum vorhandenen Nachrichtendienst des Großwesirs, sie wähnten sich überall von bezahlten Kundschaftern belauert, von entschlossenen Himmelfahrtskommandos bedroht. Die Spionagehysterie flackerte immer wieder auf – und auch Kinder fielen ihr zum Opfer. Denn viele Buben schlüpften tagsüber durch den einen oder den anderen ruhigen Abschnitt des Belagerungsringes, um dem bunten Treiben der märchenhaft gekleideten Türken zuzuschauen; sie bekamen manchmal von den Janitscharen, die selbst einst arme Kinder waren und sich Knaben gegenüber besonders freundlich zeigten, Süßigkeiten, Obst oder Brot, eine zerrissene Filzmütze oder gar eine Pistole, die nicht mehr zu gebrauchen war. Am 8. August wurde ein fünfzehnjähriger Lehrjunge eines Schnapsbrenners am Kohlmarkt, als er in der Abenddämmerung in die Stadt zurückkehrte, unter dem vagen Verdacht der Spionage festgenommen. Er leugnete verzweifelt, was ihm aber nichts nützte. Unter den Aufzeichnungen des Gemeindeschreibers findet sich vom 27. August die schlichte Notiz: »Dem Jungen, der am 8. August eingefangen wurde, wurde auf dem Neuen Markt unter dem Galgen der Kopf abgeschlagen.« Am 20. August geriet ein Knabe von zehn Jahren unter Spionageverdacht. Doch Stadtkommandant Starhemberg ordnete eine strenge Untersuchung an und verhinderte die Hinrichtung des Kindes.

Die wirklichen Kundschafter, die von beiden Seiten eher sporadisch ausgeschickt wurden, um Informationen zu sammeln, waren meist unverläßlich, ihre Nachrichten falsch. So glaubte Kara Mustafa schon in der dritten Woche der Belagerung, die Besatzung von Wien sei am Ende, die Übergabe der Stadt nur mehr eine Frage von Stunden. Die Verteidiger erfuhren wiederum nicht, daß die zerrüttete Disziplin der türkischen Kerntruppen dem Großwesir zunehmend Sorge bereitete: Die Janitscharen hatten sich schon einige Male geweigert, gegen die Mauern der Stadt vorzudringen. Da die Tataren die Umgebung von Wien arg verwüstet hatten, stockte die Versorgung der Riesenarmee; auch im türkischen Lager verlangten die Lieferanten für Lebensmittel aus dem ungarischen Hinterland Wucherpreise. Immer mehr Elitesoldaten verließen heimlich die Stellungen, mischten sich unter die umherstreifenden Tataren und betätigten sich dann als fliegende Händler. Silihdar Findiklili Mehmed Aga, ein hoher türkischer Würdenträger, der über die Belagerung von Wien einen recht kritischen Bericht verfaßte, schildert die Mißstände im osmanischen Heer: »Nur Allah, der Allwissende, kennt die Anzahl der Beute, die gemacht wurde an Schafen, Rindern und Pferden, an goldenem und silbernem Geschirr und an Edelsteinen, an hochgewachsenen Mädchen mit schlanken Hüften, blondem Haar, mit Augenbrauen wie der Halbmond und mit mandelförmig geschnittenen Augen. So kamen die Krieger dann in das Heerlager vor Wien und verkauften dort wegen des Überflusses an Sachen alles bald zu Spottpreisen. Man konnte die schönsten Sklavinnen schon um vierzig bis fünfzig Piaster* erstehen,

* In heutige Währung umgerechnet 4000 bis 5000 Schilling.

eine mittelmäßige um fünfzehn bis zwanzig Piaster, ein Mutterschaf samt Jungen um drei Piaster.«

Wußten die Verteidiger so gut wie nichts über die Vorgänge in der türkischen Belagerungsarmee, so waren sie wenigstens über die Vorbereitungen für die Rettung Wiens in großen Zügen doch unterrichtet. Die strategisch, aber auch psychisch enorm wichtige Verbindung zwischen der eingeschlossenen Stadt und dem Hauptquartier der österreichischen Feldarmee und später mit dem christlichen Entsatzheer wurde durch waghalsige Boten aufrechterhalten. Allerdings war Georg Franz Kolschitzky, ein Orientwarenhändler aus der Wiener Leopoldstadt, nach dem in Wien auch eine Gasse benannt wurde, nicht, wie in fast allen einschlägigen Werken hervorgehoben wird, der einzige und auch nicht der erste Mann, dem das zweifellos gefährliche Unternehmen gelang. Am 5. August durchschwamm ein für die Nachwelt unbekannt gebliebener Kürassier des Regiments Caraffa bei Klosterneuburg die Donau und überbrachte dem Stadtkommandanten Starhemberg einen Brief des Herzogs von Lothringen. Am 8. August stahl sich ein Leutnant des Heisterschen Infanterieregiments, der Serbe Michael Gregorowitz, mit einem chiffrierten Schreiben aus der belagerten Stadt und erreichte wohlbehalten die Vorposten der kaiserlichen Armee. Kolschitzky trat erst als dritter Bote am 14. August auf den Plan; er forderte, da er kein Soldat war, eine angemessene Belohnung für die patriotische Tat: Geld und ein Grundstück in Wien. Laut Abrechnung des Hofkriegszahlamts-Kontrollors Johann Michael Eineder erhielt Kolschitzky ein Honorar von 2760 Gulden; Bürgermeister Liebenberg versprach ihm die auf 400 Gulden geschätzte Brandruine des Schleierschen Hauses in der Leopoldstadt (heute Haidgasse 8).

Kolschitzky verließ mit seinem Diener Stephan Serhadly Wien in türkischer Kleidung, bei strömendem Regen, durch die geheime Ausfallspforte neben dem Schottentor, kam durch und kehrte am 17. August mit der erfreulichen Meldung zurück, daß das christliche Entsatzheer alsbald in Marsch gesetzt werde. Am 19. August wurde Kolschitzky gebeten, das Unternehmen zu wiederholen, aber er weigerte sich, er hatte Angst. Nun ging sein Diener Serhadly allein (er bekam dafür 200 Goldstücke), händigte Meldungen und Briefe der Verteidiger dem Herzog von Lothringen aus und traf am 22. August mit Berichten aus dem kaiserlichen Hauptquartier in Wien ein. Am 27. August überschritt ein Dolmetscher der Garnison, Georg Thomas Michaelowitz, die türkischen Linien und meldete sich am 1. September beim Kommandanten Starhemberg mit Briefen und wertvollen Beobachtungen zurück.

Kolschitzky hatte allerdings den anderen, so gut wie namenlos gebliebenen Boten eines voraus: Er ließ gleich nach der Schlacht um Wien seine reichlich ausgeschmückte Geschichte von einem poetisch veranlagten Notar, Johann Martin Lerch, schreiben, den Text dann in mehrere Sprachen übersetzen, drucken und eifrig vertreiben. Im gereimten Vorwort der Flugschrift wird behauptet:

»Ich lebe schon vergnügt, mir bleibt zum Überrest
Noch endlich diese Ehr: Ich bin der erst gewest.«

Eine gezielte Fehlinformation, die aber im historischen Bewußtsein Österreichs anscheinend unausrottbar tiefe Wurzeln schlug. Nicht sofort zwar, sondern erst im Herbst 1783, anläßlich der pompösen Hundertjahrfeier der Abendlandrettung. Da grub ein Piaristenpater, Gottfried Ulrich, die bereits arg verblaßte Figur Kolschitzkys aus den untersten Schichten der heroischen Vergangenheit aus und machte den wackeren Kundschafter zum Vorbild christlich-abendländischer Opferbereitschaft. Und er machte ihn, aus unerfindlichen Gründen, aber zweifellos mit treffsicherem Fingerspitzengefühl für die historische Anekdote, zum Erfinder des Wiener Kaffeehauses und zum ersten Cafetiér der geretteten Stadt. Obwohl es dafür, daß im Lager der geschlagenen Türken mit Kaffeebohnen gefüllte Säcke gefunden worden wären, daß Kolschitzky sie als Belohnung für seine Heldentat von irgendeiner Behnrde ausgefolgt bekommen und damit in Wien ein Kaffeehaus eröffnet hätte, im ausgehenden 18. Jahrhundert überhaupt keine Beweise gab. Es gibt sie auch heute nicht.

Georg Franz Kolschitzky stammte aus Sambor in Polen; er kam 1660 im Alter von zwanzig Jahren nach Österreich und arbeitete vorerst als »Unterdolmetsch« für einen Tageslohn von 45 Kreuzern in der türkischen Gesandtschaft des Kara Mehmed Pascha in Wien. Im Jahr 1665 verließ er den Dienst bei den Türken, heiratete die »ehrentugendreiche« Maria Ursula Heissin, Tochter eines kaiserlichen Reitknechtes, trat als türkischer Dolmetscher der »Ersten Privilegierten Orientalischen Handelskompanie« bei, reiste mehrmals nach Istanbul, spionierte dabei ein wenig für die Kaiserlichen, zog sich dann in die Wiener Leopoldstadt zurück und handelte – auch nach der Belagerung – mit türkischen Waren aller Art. Er starb am 19. Februar 1694 im Alter von vierundfünfzig Jahren an der Schwindsucht, anscheinend völlig mittellos, denn seine Witwe reichte ein Gesuch um die Aufnahme in ein städtisches Armenasyl ein. Vom Kaffeehaus keine Spur.

Erst am 17. Januar 1685 erteilte Kaiser Leopold I. einem Armenier namens Johann Diodate ein Privileg für das öffentliche Ausschenken des »thürkischen Gethränks Chava«. Diodate richtete sein Lokal, das nachweisbar erste Wiener Kaffeehaus, ein kleines, nur mit Holzbänken ausgestattetes Zimmer, im Hachenbergerischen Haus auf dem Haarmarkt (heute Rotenturmstraße 14) ein. Das Kaffeehaus »Zur Blauen Flasche«, das die Legende hartnäckig Kolschitzky schenkt, wobei es »das erst gewest« sein sollte, wurde 1703 in der Nähe des Stock im Eisen beim Stephansdom eröffnet; es gehörte dem Armenier Sahak Lucasian. Im Jahr 1983 feierte das Wiener Kaffeehaus einen falschen Vater und einen falschen Geburtstag.

Die Inspektion

Kara Mustafa bestieg seinen edlen Renner nicht mehr, er ließ sich, wenn er seine Truppen inspizierte, in einer mit schweren Eisenplatten gepanzerten Sänfte in die vordersten Linien tragen. Denn die Kanonen der Verteidiger beherrschten das Feld, und die Scharfschützen, die kaiserlichen Jäger und Förster hatten bereits einige festlich gekleidete hohe Würdenträger der Türken vom Pferd geschossen. Der Großwesir arbeitete hart, er besuchte immer wieder die Batterien, die Laufgräben, die vorgeschobenen Stellungen, hörte die Berichte der Kommandanten an, gab Anweisungen für das weitere Vorgehen, verteilte Geschenke, belobigte die Tapferen und beschimpfte die Verzagten, streute hoffnungsvolle Gerüchte aus und schilderte die Wonnen des ewigen Ruhms, die im Jenseits auf die toten Helden warten. Nach außenhin behielt er seinen scheinbar unerschütterlichen Gleichmut, war aber zunehmend nervös geworden, grübelte oft in seinem Zelt und wurde gegen seine unmittelbaren Untergebenen ausfällig, er behandelte auch namhafte Paschas und Begs schroff und ungerecht.

Das Unternehmen Wien stockte, die Belagerung schritt keineswegs wie geplant und gewünscht fort. Und da bekam Kara Mustafa noch einen unheimlichen Besuch. Sultan Mehmed IV., der in Belgrad vergeblich auf gute Nachrichten wartete, schickte einen Inspektor in das türkische Heerlager vor Wien: Es war Ali Aga, ein stattlicher, schweigsamer Neger, Schatzmeister des Reiches und großherrlicher Gesellschafter (das heißt offizieller Freund des Herrschers), den Kara Mustafa wie einen ihm ebenbürtigen höchsten Würdenträger empfangen mußte. Das Protokoll wurde peinlichst eingehalten, für die Truppe gegenseitige Achtung, Zuneigung und volles Einverständnis vorgespiegelt, obwohl auch das türkische Tagebuch des Feldzuges die Spannung und die gegenseitige Abneigung zwischen dem Abgesandten des Sultans und dem Großwesir deutlich durchblicken läßt.

Ali Aga überbrachte Kara Mustafa die üblichen Ehrengeschenke, die nach osmanischer Tradition jedem Heerführer, der eine wichtige Festung auf fremdem Boden belagerte, zustanden: einen Zobelpelz, einen Prunksäbel und einen mit Edelsteinen besetzten Dolch und das ebenfalls übliche Handschreiben des Sultans mit allgemeinen guten Wünschen, mit blumenreichen, aber nichtssagenden Worten. Sonst nichts, keine besonderen Zeichen der Ehre, keine geheimen Instruktionen, keine Fragen. Was eindeutig darauf hinwies, daß der Sultan grollte und daß Kara Mustafa, sollte er nicht bald Erfolg haben, mit einem offenen, folgenschweren Tadel des erhabenen Padischahs rechnen müßte. Der Großwesir bewahrte Haltung, er ließ sich nichts anmerken, er beschenkte, ebenfalls nach Vorschriften des türkischen Protokolls, Ali Aga gleich bei der ersten Begegnung mit einem kostbaren Ehrengewand, mit einem mit Zobelpelz verbrämten Brokatmantel. Die Inspektion begann.

Sie dauerte vierzehn Tage und belastete den Großwesir schwer. Denn auch vor den Augen des wortkargen Besuchers ging das Unternehmen kaum weiter, ja es ging so gut wie alles schief. Kara Mustafa gruppierte seine Artillerie um, neun Kolumbrinen-Geschütze wurden unter erheblichen Verlusten in das Grabensystem weit nach vorne geschoben, aber der erhoffte Erfolg blieb aus, die Steinkugeln der 18,6-cm-Kanonen konnten die Bollwerke auch aus der kurzen Entfernung nicht zum Einsturz bringen. Von den aus der Festung Buda in Ungarn angeforderten schwersten Belagerungsgeschützen, den Balyemez, traf nur ein einziges Stück unbeschädigt ein; es wurde gleich in das Grabensystem geschleppt, aber bei der Aufstellung der mächtigen Kanone gab es laufend Schwierigkeiten; man konnte aus dem Geschütz, so lange Ali Aga die Belagerung inspizierte, keinen Schuß abgeben.

Zu Ehren des gefährlichen Gastes wurde auch ein großangelegter Sturmangriff gegen die Burgbastei unternommen. Ali Aga erschien nach dem Mittagsgebet in der vordersten Linie und sah der Aktion zu. Elitetruppen, die Janitscharen des Kara Mehmed Pascha, durchbrachen die Palisaden, erreichten den gedeckten Gang der Bastion, wurden aber von Berufssoldaten unter dem Kommando des General-Wachtmeisters Graf Serényi und des Obersten Scherffenberg in den tiefen Wassergraben zurückgeworfen, wo sie sich, auf engstem Raum zusammengedrängt, von den Mauern aus pausenlos beschossen, kaum mehr wehren konnten. Die Türken verloren fast dreihundert Mann und zogen sich eher fluchtartig als in geordneter Formation in ihre Ausgangsstellung zurück. Ali Aga kommentierte das Gefecht mit keinem Wort. Er begab sich stumm in das für ihn bereitgestellte Zelt, das neben dem Zelt des Großwesirs im Garten des Palais Trautson aufgeschlagen worden war. Baron Kuniz erfuhr bald, daß »der Mohr namens Ali Aga« auch türkische Minen »ganz ohne Wirkung in die Luft fliegen gesehen hat«, und notierte lakonisch in sein Tagebuch: »Wie solches dem Sultan gefallen wird, lehrt die Zeit.«

In den frühen Morgenstunden des 31. Juli verabschiedete sich Ali Aga von dem Großwesir und von dem Heer. Kara Mustafa ließ ihn ein Stück des Weges nach Ungarn von hohen Offizieren, von einer berittenen Garde und von einer Musikkapelle begleiten. Er war sicherlich froh, daß das Auge des Sultans die erfolglose Belagerung nicht mehr aus unmittelbarer Nähe verfolgte, anderseits mußte es ihm auch klar, sein, daß der Bericht des hohen Gastes über ihn als Feldherrn vermutlich recht ungünstig ausfallen würde.

Darüber, was Ali Aga dem Sultan über die Lage vor Wien erzählt hatte, blieb keine Aufzeichnung erhalten. Es ist jedoch kaum anzunehmen, daß er die strategischen und taktischen Fähigkeiten des Großwesirs besonders gelobt hätte. Ob er die folgenschweren Fehler, die Kara Mustafa schon vom ersten Tag der Belagerung an beging, bemerkt und analysiert hatte, weiß man nicht. Der Schatzmeister war kein Soldat, er war ein Eunuch, der 1865 zum Oberaufseher des Harems von Mehmed IV. ernannt wurde. Die Schwäche der türkischen Artillerie mußte ihm allerdings auffallen und vielleicht auch die für Militärhistoriker auf beiden Seiten bis zum heutigen Tag unerklärliche, ja geradezu rätselhaft gebliebene Tatsache, daß Kara Mustafa den Angriff mit konzentrierten Kräften stur gegen die am besten ausgebauten, befestigten und armierten Bollwerke Wiens, gegen die Linie Burgbastei–Löwelbastei, forcierte und davon bis zum letzten Tag der Kämpfe nicht abließ. Selbst Stadtkommandant Starhemberg war darüber erstaunt; er sagte später dem venetianischen Botschafter Alvise Contarini, hätten die Türken die nur schwach befestigte Seite der Stadt am Fluß (am heutigen Donaukanal) angegriffen, hätte man Wien wahrscheinlich kaum länger als zwanzig Tage halten können.

Das Gelände vor den beiden hart umkämpften Bastionen war für das Anlegen des Grabensystems und für den Bau der unterirdischen Minengänge kaum geeignet. Die mit großen Steinen durchsetzte trockene Erde erwies sich als außerordentlich fest, so daß die in diesem Abschnitt eingesetzten Schanzarbeiter nur sehr langsam vorankamen. Sie wurden auf Befehl des Großwesirs dann auch noch dezimiert, sie fielen einer grausamen Laune Kara Mustafas zum Opfer; die Folge war, daß die Kommandanten der Sturmtruppen ihre Elitesoldaten zum Schanzen abstellen mußten. Das offizielle türkische Tagebuch des Feldzuges berichtet: »Da dem Großwesir gemeldet wurde, daß einer von den Gefangenen, die von der Armee als Arbeiter verwendet wurden, seinen Herrn ermordet hatte, gab er den Befehl, alle derartigen Gefangenen zu töten. Der Befehl wurde durch die Ausrufer bekanntgegeben, und alsbald hatte man einhundertfünfzig Gefangene vor dem Zelt des Scharfrichters geköpft. An beiden folgenden Tagen wurden im ganzen Heer noch an die tausend Gefangene enthauptet.«

Offiziere und Mannschaften der Belagerungsarmee begannen an der Fähigkeit ihres Feldherrn zu zweifeln. Denn der sinnlose Mordbefehl, der der Truppe ihre Schanzarbeiter raubte, war nur einer der unentschuldbaren Fehlgriffe des Großwesirs. So kümmerte er sich in den ersten Wochen der Belagerung auch nicht sonderlich um die Vorräte und um den Nachschub; Anfang August ging mehreren Einheiten vorübergehend die Munition aus, und auch Lebensmittel wurden knapp. Erst als die Kommandanten sich des öfteren beschwerten, schickte Kara Mustafa einige Wagenkolonnen nach Buda in Ungarn, um Pulver, Geschosse, Reis, Mais, Hammelfleisch, Gerste und Tierfutter zu fassen. Von den Gemeinden Ödenburg und Rust verlangte der Großwesir Mehl, Zwiebeln, Rinderfett, Hühner, Eier, Honig und Obst; die Ware ließ er mit dreihundert Fuhrwerken und siebzig Kamelen in das Lager vor Wien bringen und teils in türkischer, teils in österreichischer Währung bezahlen.

Trotz des bereits spürbaren Mangels an Lebensmitteln verteilten die Türken, im Sinne des Korans, unter alten, hinfälligen Leuten und Kindern, die in den verwüsteten Vorstädten zurückgeblieben waren, warmes Essen. (Was die christliche Geschichtsschreibung meist verschweigt.) Der Schatzsekretär des Großwesirs, Abdi Efendi, mit dem Beinamen »der Scheichsohn«, organisierte und überwachte die moslemische Wohltätigkeit unter freiem Himmel: »Täglich wurden zwei Kessel mit gedünstetem Reis und Suppe an die Stelle gebracht, wo die Laufgräben beginnen, um dort Hungrige und Bedürftige daran beteiligen zu lassen«, berichtet das offizielle Tagebuch des Feldzuges.

Doch die in der Lehre Mohammeds vorgeschriebene Barmherzigkeit im Krieg schien für Kara Mustafa keine günstige Wirkung gehabt zu haben: Allah der Allmächtige, so dachten die Streiter des Islam, hätte über den Großwesir vielmehr seinen gerechten Zorn ausgeschüttet. Denn der Serasker (Feldherr) wurde immer sonderbarer, als hätten ihn alle guten Geister verlassen. Was man heute freilich nicht mehr nachprüfen kann. Tatsache war jedoch, daß Kara Mustafa sich seinem Heer immer mehr entfremdete. In der Zeltburg des Großwesirs wurde kein Kriegsrat mehr abgehalten, der einmal festgelegte Angriffsplan nach Vorschlägen erfahrener Truppenführer, wie etwa Hüseyin Pascha von Damaskus, der Janitscharenaga Ismail Çelebi oder Hassan Pascha, mit dem Beinamen »der Hodschasohn«, nicht mehr geändert. Kara Mustafa traf einsame Entschlüsse, die aber durchwegs nur negative Ergebnisse brachten, und er versuchte, wie erfolglose Generäle dies bis zum heutigen Tag praktizieren, die schon hoffnungslos verfahrene Situation durch Absetzung von Befehlshabern und durch eine meist sinnlose Umgruppierung der Armee zu retten. Er wechselte den für den gesamten Nachschub verantwortlichen Arsenalobersten Fazil Aga aus und ernannte den Kommandanten seiner Leibgarde, Syavus Aga, zu seinem Nachfolger, der aber vom Nachschubwesen überhaupt nichts verstand. Den Alaybegi, den Kommandanten am rechten Flügel der rumelischen Provinztruppen, setzte er ab und ließ ihm zur Strafe für seine angebliche Nachlässigkeit im Kampf vierhundert Stockhiebe verabreichen, was nahezu einer Hinrichtung gleichkam. Dem Oberbefehlshaber des gesamten rumelischen Frontabschnitts, Ali Pascha, und seinen Unterführern erteilte der Großwesir »heftige Rügen und schweren Tadel, weil sie die Laufgräben noch nicht nach Wunsch vorgetrieben haben«. Die Linie der Janitscharen wurde, vermutlich um einer Meuterei zuvorzukommen, mit Truppen des Sandschakbegs von Nikopolis, Arslan Mehmed Pascha, die bis dahin jenseits des heutigen Donaukanals in Bereitschaft standen, durchmischt und verstärkt. Auch fünfhundert Krieger aus Ägypten rückten in die Stellungen zwischen den Janitscharenkompanien Nr. 64 und Nr. 71 ein, um die zwei berühmten Einheiten mit den Traditionsnamen Zagarci (Rüdenwärter) und Samsunçu (Hundewärter) voneinander zu trennen. Hüseyin Pascha von Damaskus, der älteste Befehlshaber im Rang eines Wesirs, Kommandant des anatolischen Frontabschnitts, wurde durch Kara Mehmed Pascha ersetzt. Und schließlich bekam Ibrahim Pascha von Buda den Befehl, die Belagerung der kaiserlichen Festung Györ (Raab) in Ungarn unverzüglich aufzuheben und so rasch wie möglich nach Wien zu marschieren. Der alte Haudegen, felsenfest davon überzeugt, daß Kara Mustafa mit dem nur mangelhaft vorbereiteten Krieg auf österreichischem Boden einen nicht mehr gut zu machenden Fehler beging, ließ sich Zeit: für die 120 Kilometer brauchten seine Janitscharen, Kanoniere, Pioniere und Reiter zehn volle Tage.

In der dritten Augustwoche griff der Großwesir bereits nach den letzten Reserven. Die heftigen Kämpfe an der Linie Burgbastei–Löwelbastei forderten unter den Türken schwere Verluste. Kuniz notiert in seinem Tagebuch, daß die Zahl ihrer Toten, »wie sie selbst melden«, schon über 30.000 gestiegen sei, und es seien vor allem »Janitscharen und andere von ihren besten Kriegsleuten«, die vor den beiden anscheinend uneinnehmbaren Bollwerken ihr Leben lassen mußten. Es kam nun immer häufiger vor, daß sich auch Elitetruppen weigerten, einen Angriffsbefehl auszuführen. Am 25. August berichtete Kuniz in einem mit Hilfe der Rumänen an Stadtkommandant Starhemberg geschickten Brief, daß die Janitscharen offen erklärt hätten, sie seien nicht mehr bereit, die Belagerung fortzusetzen. Daraufhin habe der berühmte Derwisch, Mehmed Efendi Vani, Hofprediger des Sultans, ihnen eine zündende Ansprache gehalten und sie überredet, nur bis zum kommenden Freitag auszuharren, an dem ein letzter und sicherlich erfolgreicher Sturmangriff gegen die Festung unternommen werde. Aber schon am 23. August, wie das offizielle Tagebuch des Feldzuges kurz vermerkt, leisteten die Krieger aus Anatolien einem nächtlichen Ausfall der Verteidiger keinen Widerstand, sie verließen fluchtartig ihre Stellungen, um sich weit hinten in den Verbindungsgräben in Sicherheit zu bringen. Am 31. August räumten die Truppen des Bekir Pascha von Aleppo ihren Frontabschnitt ohne Befehl; sie trafen Anstalten, ihre Zelte abzubrechen und in Richtung Ungarn abzumarschieren.

Kara Mustafa versuchte nun, der Falle, die er sich vor Wien selber gestellt hatte, auf diplomatischem Weg zu entkommen. Am 29. August wurde der im türkischen Lager in nobler Gefangenschaft gehaltene Baron Kuniz gebeten, zwischen dem Großwesir und dem Kaiser zu vermitteln: Man wolle Frieden, man würde sich mit der Abtretung der kaiserlichen Festung Györ begnügen. Das Gespräch wurde streng geheim, über mehrere Kontaktpersonen angeknüpft:

Ein namentlich nicht genannter hoher türkischer Offizier, ein Aga im Stab des früheren Wiener Botschafters Kara Mehmed Pascha, Befehlshaber im Frontabschnitt der syrisch-anatolischen Provinztruppen, nahm Verbindung mit dem Fürsten der Walachei, Serban Cantacuzino, auf, der wiederum einen Dolmetscher, einen Ungarn aus Siebenbürgen namens Janaky, in das Zelt von Kuniz schickte. Kuniz erklärte sich bereit, Nachricht über das türkische Angebot in das kaiserliche Hoflager nach Passau zu senden, betonte aber, er selber könne nicht verhandeln, da er keine Vollmacht besitze.

Für die eventuellen Verhandlungen mit dem Kaiser wollte Kara Mustafa seine Positionen vor Wien noch erheblich verbessern, um durch militärische Erfolge politisches Druckmittel anwenden zu können; er versuchte, seine Truppen durch Strafe und Belohnung anzuspornen, und er begann – damit war er gewiß nicht der erste und auch nicht der letzte unter den in eine hoffnungslose Lage geratenen Feldherren und Staatsmännern – bedenkenlos zu lügen. Er besuchte die Stellungen der Janitscharen und erzählte, der Kaiser der Deutschen sei soeben gestorben, und ordnete an, die Truppe sollte dieses Wunder, ein von Allah dem Allmächtigen gesetztes Zeichen des Sieges, nach dem Abendgebet mit Salutschießen feiern. Er erzählte auch, daß er von gefangenen hohen Offizieren der Verteidiger wisse, in Wien gebe es nur mehr für drei bis vier Tage Munition, kaum Lebensmittel und gar kein Trinkwasser, und daß der Kommandant der Stadt von seinen Untergebenen und von der Bevölkerung pausenlos bestürmt werde, er solle kapitulieren, und das werde er auch tun, denn Hilfe von außen könne Wien nicht mehr erwarten: Die Christen hätten die Stadt schon aufgegeben.

Sobieski

Die Christen hatten die Stadt keineswegs aufgegeben, der Sukkurs, die Rettung Wiens, nahm immer mehr Gestalt an, die Polen marschierten bereits. Die Armee des Königs Jan III. Sobieski, etwa 30.000 Mann stark, brach am 14. August von Krakau auf, zog zunächst recht langsam in Richtung Südosten, erreichte Troppau in Österreichisch-Schlesien erst am Abend des 25. August, wurde aber dann bedeutend schneller; am 26. August übernachtete sie schon in Olmütz in Mähren, am 29. August in Mödritz bei Brünn, und am 31. August gegen Mittag schlug sie ihr Lager in der Nähe der Stadt Hollabrunn in Niederösterreich, nur etwa 45 Kilometer von Wien entfernt, auf. Die Kerntruppen, voran die berühmten Panzerreiter, aber auch die Husaren, Dragoner und die Infanterie des Adels, marschierten, wie Augenzeugen berichten, in guter Ordnung. Der Benediktinerpater Bernard Brulig vom Stift Groß-Raigern bei Auspitz in der Nähe von Brünn hielt in seinem Tagebuch fest: »Sie scheinen ein höfliches Volk zu sein und waren sowohl in der Kleidung als in den Waffen und Pferden prächtig mundiert.«* Die Hilfstruppen allerdings, die am Ende der Kolonne in ungeordneten Haufen dahertrotteten, boten ein Bild des Jammers: Es waren hörige Bauern, Kosaken und Tataren, die unter polnischer Herrschaft lebten und die man zwar zum Heeresdienst gepreßt, aber weder ausgerüstet noch verpflegt hatte. Sie waren in Lumpen gekleidet, als Waffe führten sie große Prügel, Spieße und Handscharen, in früheren Kriegen erbeutete türkische Sichelschwerter, mit. Sie hatten Hunger, Pater Brulig berichtet: »Sie steckten alles, was sie nur ansahen und ergriffen, wie die kleinen Kinder in den Mund und versuchten, ob es sich essen ließe.« Einiges ließ sich essen, Kraut, Kohl und Rüben von den Feldern, unreifes Obst, Nüsse, noch grün und mit der Schale, das Fleisch verendeter Pferde. Die polnischen Bauernsoldaten, Kosaken und Tataren verwüsteten die Gemüsegärten, plünderten die Häuser und verprügelten die ortsansässige, in ihren Augen ungemein reiche Bevölkerung.

* ausgerüstet.

Jan III. Sobieski wußte vermutlich nicht, was sich am Ende der langen Marschkolonne abspielte. Er war in Feststimmung, er ritt mit seinem sechzehn Jahre alten Sohn Jakób, den er zärtlich Fanfan nannte, in prächtiger Aufmachung durch die schlesischen und mährischen Städte Österreichs; er schrieb seiner Frau Marysieńka: »Täglich muß ich mich wie zur Hochzeit ankleiden und wie ein Bräutigam mit seinem berittenen Gefolge einherziehen.« Es gab dennoch Ärger, mit der eigenen Truppe, mit dem Papst und auch mit den kaiserlichen Verbündeten. In einem aus Hollabrunn datierten Brief berichtet Sobieski seiner Frau über polnische Deserteure: »Bis jetzt haben wir kein bares Geld nötig gehabt, denn man liefert uns Lebensmittel im Überfluß. Dennoch entwischt uns eine Menge Soldaten und Knechte. Ich bitte Sie, in unserem Land und besonders in der Gegend von Tschenstochowa auf sie Jagd machen zu lassen.« Von Rom war der König schwer enttäuscht, er machte Marysieńka auf eine für ihn unbegreifliche Kränkung aufmerksam: »Sie können dem päpstlichen Nuntius bei passender Gelegenheit zu verstehen geben, daß ich des Degens und der Rose, die der Heilige Vater König Michail* gesendet hat, ebenso würdig wäre. Gleichwohl hat man mir zum Erstaunen von ganz Europa diese Ehre entzogen.«

Auch das kaiserliche Hoflager verhielt sich dem polnischen Wahlkönig gegenüber trotz aller offiziell bezeugter Freundlichkeit recht reserviert. Leopold I. war nicht bereit, in den Briefen, die er Sobieski schrieb, die Anrede Majestät zu gebrauchen. Kluge Köpfe in der Umgebung des Kaisers verfielen auf die Idee, die Korrespondenz sollte in italienischer Sprache geführt werden, denn da gab es eine bequeme Zwischenlösung, das Wort *Serenissimo,* in den deutschen Fassungen mit »Eure Serenität« übersetzt, was *Durchlauchtigster* heißt und auch »König« bedeuten kann, aber nicht unbedingt König bedeuten muß. Sobieski merkte den feinen Unterschied und war verstimmt. Er wußte auch noch nicht, ob er, wie gewünscht, den Oberbefehl über alle christlichen Truppen, die sich zum Entsatz von Wien versammelten, erhalten würde, war aber fest entschlossen, sollte ein anderer Feldherr den Oberbefehl übernehmen, unverzüglich kehrtzumachen und seine Armee nach Polen zurückzuführen.

* Wahlkönig Michail Koribut Wisniowiecki, Sobieskis Vorgänger.

Die brisante Frage war in der Tat noch nicht entschieden. In Passau schlug man sich mit geschriebenen und ungeschriebenen Gesetzen des barocken Protokolls und mit Vorschriften des spanischen Hofzeremoniells herum, man studierte historische Beispiele und grub Begebenheiten aus, die durch das Gewohnheitsrecht geregelt worden waren. Eines schien jedoch vollkommen klar: Sollte der Kaiser am Sukkurs persönlich teilnehmen, so könne es für das gesamte christliche Heer nur einen Oberbefehlshaber geben, Ihre Allerhöchste Majestät. Leopold I., der kein kriegerischer Monarch, kein Soldat auf dem Thron war, der eine Schlacht noch niemals aus der Nähe gesehen hatte, war unschlüssig: Vor Gott und vor seinen Völkern fühlte er sich zwar verpflichtet, sich an die Spitze der Armee zu stellen, aber er war sich auch dessen wohl bewußt, daß er, ohne jegliche militärische Vorbildung und Erfahrung, den bitter notwendigen Sieg wahrscheinlich verschenken würde. Er grübelte betrübt über eine Lösung, und er zögerte immer wieder hinaus, über das Problem ein letztes, entscheidendes Wort verlauten zu lassen. Am 25. August entschloß er sich zu einem halben Schritt: Das kaiserliche Hoflager in Passau wurde aufgelöst und nach Linz verlegt. Unterwegs, auf der Donau, an Bord seines »Leibschiffes«, schrieb Leopold I. einen kurzen Brief an seinen Beichtvater und Ratgeber, den Kapuzinermönch Marco d'Aviano: »Ich sehe voraus, daß unter so vielen Häuptern und Führern Trübungen und Uneinigkeit entstehen können; deshalb habe ich beschlossen, mich dem Heer zu nähern, um demselben allenfalls beizustehen.«

Die »vielen Häupter und Führer« des Unternehmens Sukkurs, Kandidaten für den Posten des Oberbefehlshabers, waren insgesamt vier Feldherren: König Jan III. Sobieski, Hofkriegsratspräsident Hermann von Baden, der Herzog von Lothringen und der protestantische Kurfürst von Sachsen, Johann Georg III. Auch er beharrte vorerst auf seiner Forderung, im Kampf um Wien an der Spitze der vereinigten christlichen Armeen zu stehen oder, wenn nicht, dann für die erlittene Kränkung eine angemessene materielle Entschädigung zu erhalten, Geld oder noch ein Stückchen kaiserliches Land. Er führte einen Nervenkrieg gegen Leopold, indem er zwar am 11. August mit 7000 Infanteristen, 3250 Reitern, 16 leichten Geschützen und einem Hofstaat von 344 Personen von Dresden in Richtung Wien aufbrach, aber er marschierte nicht, er spazierte nur und kam erst am 22. August in Prag an, wo er eine Pause einlegte, um die Sehenswürdigkeiten der Goldenen Stadt an der Moldau gründlich zu besichtigen. Der Kaiser gab aber nicht nach, er ließ die Streitfrage in Schwebe und hatte anscheinend die besseren Nerven, denn Kurfürst Johann Georg III. überlegte es sich doch; er wollte den für ihn im Grunde recht ertragreichen Sukkurs nicht versäumen, brach seinen angenehmen Aufenthalt in Prag plötzlich ab und zog in Gewaltmärschen zur Donau.

Leopold I. überlegte es sich ebenfalls; in Linz dachte er wieder ernsthaft daran, die Schlacht um Wien nur aus der Ferne zu verfolgen. Oberststallmeister Graf Harrach notierte am 30. August erleichtert, daß Ihre Kaiserliche Majestät nicht zur Armee gehen werde. Der Entschluß war allerdings noch lange nicht endgültig, denn bald erhielt Pater Marco d'Aviano erneut einen Brief von Leopold I.: »Ich würde gewünscht haben, daß Eure Paternität mir etwas mitgeteilt hätte wegen der Sache, die wir am Abend besprochen haben: ob der König etwa Schwierigkeiten machen würde, mit mir zusammenzukommen, oder ob ihm mein Kommen wirklich so unangenehm wäre. Auch möchte ich wissen, ob Eure Paternität noch immer, wie zuvor, der Meinung sind, daß ich nicht kommen sollte; ob ich nicht doch kommen könnte?«

Er kam wieder näher, das Leibschiff fuhr von Linz nach Dürnstein in der Wachau, denn Bischof Emerich Sinelli und Obersthofmeister Ferdinand Fürst Dietrichstein hatten den Kaiser überredet, er dürfe die Führung des letzten, entscheidenden Kampfes gegen den grausamen Feind der Christenheit nicht einem emporgekommenen Wahlkönig und obendrein einem Polen überlassen. Nun zögerte Leopold I. nicht mehr, er beauftragte Christoph Graf Schafgottsch, den Kammerpräsidenten von Schlesien, Österreichs Sonderbotschafter bei dem polnischen Heer, er solle Jan III. Sobieski die freudige Nachricht mitteilen, daß die Allerhöchste Majestät im Begriffe sei, zur Armee abzureisen. Sobieski quittierte die freudige Nachricht mit einem mittleren Tobsuchtsanfall, woraufhin Graf Schafgottsch unverzüglich einen Eilkurier mit der Bitte nach Dürnstein schickte, die Allerhöchste Majestät sollte, um Gottes willen, bleiben, wo sie sich gerade allerhöchst aufhielte. Leopold I. resignierte, er schrieb an Marco d'Aviano: ». . . ich habe mich entschlossen, hier zu bleiben, bis ich weitere Nachricht bekomme.« Damit war die Entscheidung gefallen. Die österreichische Bürokratie beeilte sich diesmal, den Fall ordnungsgemäß abzuschließen: Der Hofkriegsrat übersandte dem

Herzog von Lothringen einen amtlichen Bescheid, wonach die Allerhöchste Majestät nicht ins Feld ziehen werde und mit dem Oberbefehl der vereinigten christlichen Armeen den König von Polen, Jan III. Sobieski, betraue.

Carolus nahm den kaiserlichen Beschluß kommentarlos zur Kenntnis. Er nahm auch den Oberbefehlshaber Sobieski, seinen siegreichen Rivalen im Kampf um den polnischen Thron, höflich, ja nahezu freundlich auf, wenn auch mit Hilfe einer größeren Menge Alkohols, den er sonst nie zu konsumieren pflegte. Die Begegnung der zwei Feldherren fand am 31. August gegen zwei Uhr nachmittags im Lager der polnischen Armee bei Hollabrunn statt. Der leutselige Sobieski lud Carolus gleich zum Abendessen ein.

Seiner Frau schrieb der König über den Lothringer: ». . . er hat eine starke Adlernase, ja beinahe eine Papagaiennase, die Blatternarben im Gesicht sind sattsam erkennbar; sein Gewand ist grau, ohne Schmuck, hat aber ziemlich neue, gesponnenen Knöpfe; der Hut abgetragen und ohne Feder, die Stiefel gelb, das heißt, sie waren vielleicht vor zwei oder drei Monaten gelb, die Absätze sind aus Korkholz. Sein Pferd ist nicht übel, aber das Zaumzeug gewöhnlich, alt und abgenützt, ebenso der Sattel. Bei all diesem hat er aber nicht das Aussehen eines Kaufmannes, sondern das eines Mannes von Bildung und sogar das eines Mannes von Stand. Er spricht maßvoll und gut, er ist aber nicht redselig, und er scheint mir ein rechtschaffener Mann zu sein; er versteht das Kriegshandwerk sehr gut und widmet sich ganz demselben. Seine blonde Perücke ist ungepflegt, auch schlecht gemacht, man merkt, daß er sich um sein Äußeres wenig kümmert. Aber er ist ein Mann, mit dem ich gut auskommen kann und der eines höheren Loses würdig wäre.«

Über das Abendessen berichtet Sobieski recht vergnügt: »Anfangs wollte er (Carolus) nur Moselwein trinken und war noch bemüht, ihn mit Wasser zu vermischen; denn er ist durchaus kein Trinker. Jedoch als er sich aufgeheitert hatte, trank er auch ungarischen Wein. Jener Taaffe, den wir während meiner Wahl zum König als Gesandten des Herzogs in Warschau gesehen haben, war mit seinem Herrn gekommen. Er hörte nicht auf, ihm ins Ohr zu flüstern, vermutlich um ihn am Trinken zu hindern. Aber endlich betrank auch er sich selbst. Als der Herzog schon einen Stich vom Wein hatte, fragte er nach vielen Komplimenten und was Vater, Sohn, Bruder auf polnisch heiße. Man sagte es ihm, und er wiederholte diese Wörter mehr als hundertmal, wie unser Erzbischof von Gniezno. Er sagte *Oyciec* (Vater) und zeigte auf mich, er sagte *Syn* (Sohn) und zeigte auf sich selbst und *Brat* (Bruder), womit er Fanfan meinte. Im Augenblick darauf hatte er schon wieder vergessen, was Vater auf polnisch heißt. All dies dauerte einige Stunden.«

Dann schleppte »jener Taaffe«, Earl of Carlingford, der englische Offizier im kaiserlichen Dienst, seinen Vorgesetzten Carolus spät in der Nacht in das Hauptquartier der Feldarmee nach Stockerau zurück. Sobieski bezog in Stetteldorf, vierzehn Kilometer westlich von Stockerau, das Schloß des Grafen Hardegg. In einem seiner zahlreichen Briefe an seine Frau stellte er, mit sich und der Welt äußerst zufrieden, fest: »Was aber das betrifft, was Sie von meinem guten Aussehen sagen, so kann ich Sie versichern, daß man, wenn man mich nach dem Äußeren beurteilen wollte, glauben könnte, ich sei so reich wie Krösus. Die Livreen meiner Pagen, meiner Junker und meiner Bedienten sind sehr schön, die Pferde haben kostbare Decken. Die Hiesigen (die Österreicher) hingegen haben nicht den geringsten Schmuck von Silber, weder an ihren Kleidern noch an ihren Pferden. Sie sind größtenteils deutsch oder ungarisch gekleidet. Wir haben bis jetzt weder Pagen noch Bediente bei ihnen gesehen.«

Schloß Stetteldorf war prunkvoll eingerichtet, das Quartier gefiel Sobieski sehr, stolz berichtet er seiner Frau: ». . . die Zimmer, die ich bewohne, sind mit Goldstoff tapeziert, so wie auch die von Fanfan, die Vorzimmer mit Seidenzeug.« Hier im Schloß trafen einander am 3. September die Führer des Unternehmens Sukkurs, um den Schlachtplan für die Rettung Wiens zu erörtern. Die Runde bestand aus König Sobieski, dem Herzog von Lothringen, dem Kurfürsten Johann Georg III. von Sachsen, dem Markgrafen Hermann von Baden, Hofkriegsratspräsident der österreichischen Länder, dem Feldmarschall Georg Friedrich Fürst von Waldeck, Kommandant der fränkischen und schwäbischen Truppen, und dem General Hannibal Freiherr von Degenfeld, Befehlshaber des bayrischen Kontingents. Die Beratung wurde unter dem Vorsitz des polnischen Königs geführt. Hofkriegsratspräsident Hermann von Baden schlug vor, daß das Entsatzheer Wien großräumig umgehen, der Linie St. Pölten–Hainfeld–Berndorf entlang nach Wiener Neustadt marschieren und die Türken dann vom Südosten, von der ungarischen Grenze her, angreifen sollte, um ihnen den Rückzug abzuschneiden. Als zweite Variante nannte er einen Marsch nördlich der Donau nach Preßburg, um den Belagerungsring der Osmanen aus Nordosten, auf dem flachen Gelände zwischen den heutigen Bezirken Brigittenau und Heiligenstadt, zu durchstoßen. Nach dem Vortrag von Hermann von Baden erläuterte der Herzog von Lothringen seinen Operationsplan, der einen Angriff auf breiter Front aus westlicher Richtung von den Höhen des Wienerwaldes vorsah: Dieser wäre durch das Gelände, das einen Sturm bergab ermöglichte, vorteilhaft, würde obendrein bedeutend weniger Zeit in Anspruch nehmen als ein langwieriges Umgehungsmanöver, und nicht zuletzt, da man den Türken bewußt einen Fluchtweg nach Ungarn offen ließe, würde man sie nicht zu erbittertem Widerstand zwingen.

Doch Hofkriegsratspräsident Hermann von Baden fand seinen Plan hervorragend, und so mußte er in einer stundenlangen Diskussion, in der der geschickte Diplomat Feldmarschall Fürst von Waldeck für ihn mehrere goldene Brücken baute, umgestimmt werden, bis er schließlich den auch von Sobieski befürworteten Aufmarsch- und Angriffsplan des Herzogs von Lothringen annahm. Das entscheidende Argument, das für den Entwurf von Carolus sprach, war die Zeitfrage: Mit dem Vorstoß von Westen her über den Wienerwald konnte man in wenigen Tagen beginnen, der Marsch nach Wiener Neustadt oder Preßburg und zurück hätte hingegen die vereinigten christlichen Armeen fast zwei Wochen gekostet. Und die Zeit war für Wien gefährlich knapp geworden. In seinem Brief vom 27. August, den der Dolmetscher Georg Thomas Michaelowitz durch die türkischen Linien in das Hauptquartier der kaiserlichen Feldarmee brachte, bat Stadtkommandant Starhemberg dringend um Hilfe: »Nunmehr ist Beschleunigung des Sukkurses höchst notwendig . . .«

Der vorletzte Blutstropfen

Sie war in der Tat höchst notwendig. Im Abschnitt Burgbastei–Löwelbastei stürmten die besten Truppen des Großwesirs, Einheiten aus Rumelien, Bosnien und Kleinasien, nahezu pausenlos die zum Teil schon arg ramponierten Bollwerke. Die Garnison wehrte sich verbissen, Gefangene wurden nicht mehr unter Bedeckung in die Stadt abgeführt, sondern an Ort und Stelle ermordet, Verwundete unbarmherzig erschlagen. Am 3. September in der Früh mußten die Verteidiger im Bereich der Burgbastei eine wichtige Schlüsselposition, das Vorwerk Bärenkasten, räumen; am Vormittag setzten sich die Türken dann auf einer Erhebung an Stelle des heutigen Volksgartens, auf dem sogenannten Zauberhaufen, fest, wo sie gleich vier Kolumbrinen-Geschütze in Stellung brachten. Am 4. September gelang es ihnen, in unmittelbarer Nähe der Burgbastei eine gewaltige Mine zu zünden und die Mauer zum Einsturz zu bringen. Augenzeuge Oberstleutnant Georg Johann von Hoffmann berichtet über die vermutlich schwersten Stunden der belagerten Festung: »Gegen 2 Uhr hörten wir die Explosion einer Mine, von der das ganze Haus erbebte. Wir eilten sofort auf die Bastei. Als wir uns der Bresche näherten, sahen wir schon die Spitzen der türkischen Roßschweife, welche die Janitscharen auf der Höhe aufpflanzen wollten. So begann der Sturm, der ohne Unterbrechung mehr als zwei Stunden dauerte. Die Bresche war groß, aber steil, und wir konnten die Janitscharen ohne besondere Mühe hinter die großen Mauerstücke zurückdrängen, die unten stehengeblieben waren. Doch nun setzte ein furchtbares Feuer von der ganzen Kontreskarpe* ein, gleichzeitig überschütteten uns die Türken mit einem Hagel von Kanonenkugeln, mit Bomben und Steinen aus Mörsern, mit Pfeilen und allen anderen Geschossen, die unsere Reihen zum Weichen bringen sollten. Starhemberg war mit Serényi und allen höheren Offizieren herbeigeeilt; sie alle setzten mit Todesverachtung ihr Leben aufs Spiel. Die Ablösung, die gerade antreten sollte, kam

* *Contre-escarpe,* die damals übliche französische Benennung der äußeren Grabenböschung, im Bereich der Burgbastei von den Türken bereits erobert.

auch zur rechten Zeit, und St. Croix, Oberstleutnant des Regiments Dupigny, besetzte die linke Seite der Bresche mit allen Offizieren seines Regiments und einer Abteilung seiner Leute. Der Angriff dauerte so lange, bis wir breite, auf vier Rädern vorgerollte spanische Reiter* und Sandsäcke herbeigeholt hatten, um die Bresche zu schließen. Dieser Sturm kostete uns nicht weniger als 200 Mann . . .«

Die Belagerung dauerte nun bereits mehr als fünfzig Tage, der rasch fortschreitende physische und psychische Verschleiß der Garnison und der Bevölkerung machte sich immer mehr bemerkbar. Dem Stadtkommandanten standen nur mehr etwa 4000 Berufssoldaten zur Verfügung, die anderen waren entweder tot, oder sie lagen schwer verwundet in den Notspitälern. Oberstleutnant Hoffmann bemerkt rückblickend: »Unsere Soldaten, welche in den zu ihren Posten nächstgelegenen Häusern untergebracht wurden und durch die lange Belagerung bereits erschöpft waren, begannen mißmutig und alarmmüde zu werden.« Die Männer der Bürgerkompanien waren es schon lange, sie traten, mit Ausnahme der Studenten, denen das große Abenteuer anscheinend Spaß machte, den gefährlichen Gefechtsdienst nur mehr recht selten an; viele von ihnen verschwanden, um das Ende der Belagerung in einem sicheren Keller abzuwarten. Stadtrat Dr. Nikolaus Hocke notiert: »Es zeige aber die tägliche Erfahrung, daß sich von den Mannschaften, auch vom herrenlosen, müßiggehenden und vagierenden Gesindel, eine große Anzahl hier in den Häusern und Schlupfwinkeln befinde, den Schutz der Stadt genießen und den Proviant ohne zu nützen verzehren helfen will, aber trotz der öfters erfolgten Zitationen an den gehörigen Ort niemals erschienen ist.«

Die »Zitationen« erfolgten nun mit Gewalt; im Auftrag Starhembergs durchkämmte Oberstleutnant Heinrich Balfour mit einem Trupp von Berufssoldaten die Stadt; er drohte amtlich, wer sich dem Dienst mit der Waffe zu entziehen versuchte, würde unverzüglich »zum Fenster hinaus aufgehängt«. Balfour brachte drei Kompanien, etwa vierhundert Mann, auf die Beine, deren Kampfwert allerdings ziemlich zweifelhaft war. Denn nicht nur »herrenloses Gesindel«, Müßiggänger und Deserteure wurden erwischt, sondern auch ausgemergelte, halbtote Gestalten, die wie durch ein Wunder die

* Aus Holzbalken gebautes, mit Spießen bestücktes künstliches Hindernis.

rote Ruhr, eine Seuche, die seit Ende Juli die Stadt mit zunehmender Intensität erfaßt hatte, überlebten. Die Krankheit, eine schmerzhafte Darminfektion, von blutigem Durchfall und hohem Fieber begleitet, forderte anfangs zehn bis fünfzehn, gegen Ende August aber schon dreißig bis vierzig Todesopfer pro Tag, weit mehr als der Artilleriebeschuß der Türken. Auf Befehl des Bischofs Kollonitsch patrouillierten Tag und Nacht acht Geistliche in den Straßen von Wien, um den Sterbenden Trost zu spenden und sie mit den Sterbesakramenten zu versehen. Der Stadtrat stellte unter dem Kommando eines Italieners, Antoni Theodoro Paggio, eine Totenträgerbrigade in Dienst, die, sechs Mann hoch, die Leichen von den Straßen auflesen und sie an den vorgesehenen Ort ihrer Bestattung schaffen sollte. Was aber gar nicht so einfach war. Denn die städtischen Friedhöfe waren bereits überfüllt, und die Hauseigentümer, die Ordensbrüder und die Leiter öffentlicher Institutionen weigerten sich, fremde Tote in ihrem Garten oder in ihrem Hof beerdigen zu lassen. Als eine frühere Abfallgrube auf der Freyung die Leichen nicht mehr faßte, bestimmte der Stadtrat den Garten des Passauerhofes zur provisorischen Begräbnisstätte. Doch der Notar des Hauses, Caspar Bürgler, protestierte, und da er anscheinend gute Beziehungen zum Magistrat hatte, wurde der Befehl ohne Grund plötzlich zurückgenommen. Nun wandte man sich an die Augustinermönche, die neben ihrem Kloster einen eigenen Friedhof besaßen. Sie lehnten es ab, Tote aufzunehmen; aber da entschloß sich das Geheime Deputiertenkollegium, nicht nachzugeben. Einer der Patres hielt die in seinen Augen rücksichtslose Vorgangsweise der Behörde in seinem Tagebuch fest: »In Vigilia unserer lieben Frauen Himmelfahrt kamen etliche Totengräber, machten ohne Wissen und Willen des Paters Vikar eine sehr große Grube im Hof bei der Tischlerei, wo des Kaisers Wagen und unserer Vorgänger Kloster gestanden haben, um dort die Toten, die in der Stadt hin und wieder zusammengetragen wurden, zu begraben. Diesem widersetzte sich zwar der Pater Vikar, er mußte aber dem Dekret der Geheimen Ratsdeputierten, die solches zu tun anbefohlen haben, wider seinen Willen nachkommen. Es sind also auf diesem Platz gegen zweitausend Mann bei der früheren Kalkgrube begraben. Die vom Starhembergschen Regiment liegen von den Sakristeifenstern an bis zu dem Roßstall einer an dem anderen begraben.«

In Anbetracht der schweren Verluste der Garnison erschien den meisten Bewohnern von Wien der Zusammenbruch der Verteidigung als unabwendbar. Man hielt daher auch jeden weiteren Widerstand für aussichtslos, der obendrein nur die Wut der Türken steigern und nach Einnahme der Stadt ihre fürchterliche Vergeltung heraufbeschwören würde. Zwischen Magistrat und Militär kam es zunehmend zu Reibereien, ja vermutlich auch zu einem offenen Konflikt, der später jedoch sorgsam vertuscht wurde. Denn am 4. September entzog Starhemberg den städtischen Behörden fast alle ihre Kompetenzen, um, wie es hieß, »die Confusionen« zu beseitigen; die Agenden der zivilen Verwaltung wurden kurzerhand von seinen Offizieren übernommen. Der Kommandant, sein Stab und der Rest der Garnison leisteten in den letzten Tagen der Belagerung beinahe Übermenschliches, sie hielten draußen auf den beschädigten Mauern und Bastionen ebenso stand wie auch in der Stadt, wo eine ihnen gegenüber nun spürbar feindlich gesinnte Bevölkerung das Ende herbeisehnte – auch wenn es ein türkisches Ende, die Kapitulation und die Huldigung vor dem Großwesir sein sollte. Die verzweifelte Stimmung der schwergeprüften Wiener kann man durchaus verstehen und nachempfinden; ihr Wunsch, nicht mehr zu leiden, den Kampf bis zum sprichwörtlich letzten Blutstropfen und damit die vollständige Zerstörung ihrer Stadt zu verhindern, war im Grunde ein vernünftiger, der übrigens bis in den Zweiten Weltkrieg hinein in Europa keine Einzelerscheinung blieb und oft genug als mutiger Entschluß von tapferen Zivilisten und Soldaten in die Geschichte einging.

Was zwischen dem 4. und dem 6. September in Wien tatsächlich geschah, wieweit eine geplante Verschwörung der Bürger gegen die Garnison, die Vorbereitungen zur Übergabe der Stadt fortgeschritten waren, kann man heute, da Berichte, Briefe und Tagebucheintragungen, die das heikle Thema behandelten, systematisch bereinigt oder vernichtet wurden, nicht mehr rekonstruieren. Graf Starhemberg, nicht nur ein selten fähiger Kampfkommandant, sondern auch ein ebenso selten verständnisvoller Soldat mit einem ausgeprägten diplomatischen Feingefühl, erwähnte nach der Befreiung der Stadt den Versuch der Wiener, hinter seinem Rücken eine Kapitulation vorzubereiten, mit keinem Wort; im Gegenteil, er lobte immer wieder die unbeugsame und mutige Haltung der Bevölkerung auch in der äußersten Not. Dennoch blieben von der geplanten Aktion der Bürger deutliche Spuren zurück: Hofkriegsrat Johann Peter von

Vaelckeren notierte am 6. September: »Wir bekamen von dem kaiserlichen Residenten, Herrn von Kuniz, durch einen seiner Diener, der sich heimlich hereingeschlichen, Nachricht, warum der Großwesir seit etlichen Tagen so ungewöhnlich stark gestürmt und sonst mit Schießen und Minenzünden der Stadt mehr als vorher zugesetzt habe . . .« Weil, behauptet Vaelckeren und beruft sich dabei auf den Bericht von Kuniz, Kara Mustafa über die Absicht der Zivilbevölkerung, die Stadt zu übergeben, unterrichtet gewesen wäre. Ein Bote, der Diener eines armenischen Arztes namens Sachin, habe, mit mehreren Briefen ausgestattet, Wien verlassen, wäre zum Großwesir gebracht worden, wo er über »eine große Zwietracht zwischen Bürgerschaft und Soldatesca« berichtet hätte und auch darüber, daß die Bürger sich entschlossen hätten, Starhemberg zur Übergabe der Stadt zu zwingen.

Der Bericht von Kuniz jedoch, ein an den Stadtkommandanten adressierter Brief, den Starhemberg mit Hilfe der Rumänen tatsächlich erhielt und aus dem Vaelckeren ganze Passagen zitiert, ist verschwunden. Und bald nach der Belagerung, am 1. Februar 1684, wurde auch die Beschlagnahme seiner Memoiren, des sogenannten Kunizschen Diariums, von allerhöchster Stelle befohlen. Das dafür zuständige Gremium der Wiener Universität begründete den Erlaß auffallend kurz: Verboten, weil »Ihre Kais. Majest. aus gewissen Ursachen allergnädigst wollen, daß die vorhandenen Exemplare unterdrückt und inhibiert (beschlagnahmt) werden«. Jeder Nachdruck sei »bei Confiscation und Strafe« untersagt. Baron Kuniz fiel also schon fünf Monate nach der Befreiung von Wien »aus gewissen Ursachen«, die niemals näher erläutert wurden, in Ungnade; übrigens auch im historischen Bewußtsein der Österreicher. Denn er figuriert in fast allen Festschriften, Chroniken und Jubelbüchern weit hinter dem eher zwielichtigen Helden Kolschitzky als unbedeutende Randerscheinung; man sucht ihn auch vergeblich in den gängigen historischen und biographischen Lexika, und eine Kunizgasse in Wien gibt es auch nicht. Der zweifellos mutige und kluge Baron war wegen der Offenheit seiner Erinnerungen, die für den Hof anscheinend viel zuviel nüchterne, so gar nicht erhabene Informationen preisgaben, die keineswegs in das offizielle Heldenepos von der Rettung des Abendlandes hineinpaßten, unbequem geworden.

Allerdings konnte das von Leopold I. persönlich angeordnete

Verbot die Memoiren von Kuniz nicht mehr spurlos aus der Welt schaffen. Der Befehl kam entweder zu spät oder wurde nicht lückenlos befolgt: Drei Exemplare des Kunizschen Diariums sind erhalten geblieben, eines in Wien, eines in München und eines in der Stiftsbibliothek von Admont in der Steiermark. Sein letzter Brief, den er an den Herzog von Lothringen in das Hauptquartier der österreichischen Feldarmee schickte, entging ebenfalls der Aufmerksamkeit der höfischen Zensur. Kuniz berichtet tatsächlich davon, daß der Diener eines armenischen Doktors dem Großwesir Briefe aus der Stadt brachte, und er erwähnt auch das Gerücht über den Konflikt zwischen »den Bürgern und der Militia«. Am Ende des Briefes zeigt sich der früher stets gelassene Kuniz, wahrscheinlich durch die neuesten Nachrichten aus der Stadt erschüttert, nervös:

»Der Allerhöchste wolle der Festung beistehen und die christlichen Gemüter vereinigen, daß die den Feind repussieren (zurückschlagen) mögen. Beforderist aber bitte um Gotteswillen bei so der Sachen Beschaffenheit, solcher bedrohlichen, augenscheinlichen Gefahr mit einem Entsatz oder wenigstens mit einiger Hilfe unverlängter Zeit, allsobald der Festung beizuspringen und fürzukommen. So viel diene per Aviso. In Eile aus dem türkischen Lager bei Wien, um 1 Uhr Früh, den 6. September 1683.«

Starhemberg bereitete sich indessen auf einen letzten Straßenkampf in der Stadt vor: Dreihundert Bürger wurden aus den Kellern geholt, sie mußten hinter der Linie Burgbastei–Löwelbastei mitten im Wohngebiet Schanzen aufwerfen, Palisaden setzen, die Gassen mit Behelfsbarrikaden und schweren Ketten sperren. Am frühen Nachmittag flog eine türkische Mine im Bereich der Löwelbastei auf, sie riß eine mehr als vierzig Meter breite Bresche in die Mauer. Doch Wien hatte wieder einmal Glück, die Trümmer fielen nach außen, und sie türmten sich so dicht und steil auf, daß die anstürmenden Türken sie nur mühsam, in kleinen Gruppen, überklettern konnten. Die Berufssoldaten, darunter abgesessene Kürassiere, schlugen unter dem Kommando des Generals Graf Wilhelm Daun den Angriff in einem kurzen Gefecht erfolgreich zurück.

Am späten Abend sahen die Jesuitenpatres, die als Beobachter in der Turmstube des Stephansdoms rund um die Uhr zu zweit Dienst taten, Feuersignale auf dem Bisamberg, nördlich der Donau, nur fünfzehn Kilometer von Wien entfernt: das erste sichere Zeichen, daß sich das Entsatzheer schon in der Nähe der Stadt befand.

Sofern Allah wollte

Die polnischen Truppen und die des Herzogs von Lothringen brachen am 5. September von ihren Lagern bei Hollabrunn und bei Stockerau auf und zogen über eine Behelfsbrücke bei Tulln über die Donau zum vorgesehenen Sammelplatz auf dem Tullner Feld, einer breiten Ebene zwischen dem Strom und den steil abfallenden nordwestlichen Ausläufern des Wienerwaldes. Die Bayern, Franken, Schwaben und Sachsen und das Infanterieregiment aus Salzburg kamen von Westen her, sie benützten die alte Steinbrücke von Krems-Mautern, setzten auf das rechte Donauufer über und marschierten, obwohl der Boden von schweren Regengüssen aufgeweicht war, zügig nach Tulln. Am Abend des 7. September standen insgesamt etwa 70.000 Mann zum letzten Vorstoß in Richtung Wien bereit.

Das Heer konnte sich ungehindert sammeln, der Feind ließ sich in der weiteren Umgebung der belagerten Stadt überhaupt nicht blicken. Der Anführer der Tataren, Khan Murad Ghirey, stand zwar, als die deutschen Reichstruppen die Donau überquerten, mit einer Reiterschar in der Nähe der Brücke von Krems-Mautern, griff aber nicht ein. Der türkische Geschichtsschreiber Silihdar Findiklili Mehmed Aga gibt eine, allerdings recht einseitig ausgeschmückte Schilderung der für den Großwesir zweifellos verhängnisvollen Szene:

»An jenem Tag saß der Khan auf einer Anhöhe im Angesicht der Brücke auf seinem Pferd, die Hand mit dem Griff der Peitsche in die Hüfte gestützt, und sah zu, wie die Giauren herübergezogen kamen. Sein Imam* näherte sich ihm und mahnte ihn: ›Mein Khan, wenn Ihr die Giauren, die hier in hellen Scharen herüberziehen, niedermachen wolltet, dann wäre den übrigen der Weg abgeschnitten.‹ – ›Ach, Efendi‹, entgegnete der Kahn, ›du weißt ja nicht, welche Scham uns dieser Osmanli angetan hat. Nach der Art und Weise, wie er uns behandelt, genießen wir bei ihm nicht einmal so viel Ansehen, wie die Giauren aus der Walachei und der Moldau. Wie

* Gelehrter des Islam; hier Feldprediger.

oft habe ich ihm von der Stärke und von den Bewegungen dieses Feindes geschrieben und ihm mitgeteilt: Die Feinde sind in Übermacht! Ziehe deine Truppen und die Geschütze aus den Gräben, und dann wollen wir, wenn es soweit kommt, eine Feldschlacht schlagen – oder laßt uns den Rückzug antreten und uns in Sicherheit bringen. Er aber hat von seinem Starrsinn nicht abgelassen, und ich konnte mir unmöglich Gehör verschaffen. Er hat mir immer wieder Schmähbriefe geschickt und darin sogar geschrieben, daß wir stinkendes Pferdefleisch gegessen hätten. Den Feind hier abzuwehren, wäre mir, sofern Allah der Allmächtige es wollte, ein leichtes gewesen, und ich bin mir auch bewußt, daß das jetzt ein Verrat an unserem Glauben ist, aber wahrhaftig, ich kann nicht anders. Jetzt sollen die Türken nur sehen, was ihr Feldherr wert ist, und jetzt sollen sie erfahren, was es heißt, ohne die Tataren kämpfen zu müssen.‹ Sprach's und gab seinem Pferd die Sporen . . .«

Die Erzählung, mehrere Jahre nach der Belagerung mit einer deutlichen Tendenz gegen Kara Mustafa geschrieben, klingt eher unwahrscheinlich. Der gute Rat, die Türken sollten die Stadt nicht mehr berennen, sondern mit allen noch verfügbaren Kräften dem Entsatzheer entgegentreten, stammte übrigens nicht von Murad Ghirey, sondern von dem alten, erfahrenen Ibrahim Pascha von Buda. Tatsächlich erfuhr der Großwesir über den Vormarsch der vereinigten christlichen Armeen von den Tataren ziemlich spät, vermutlich erst in den Nachmittagsstunden des 8. September. Er nahm die Nachricht gelassen zur Kenntnis, traf in aller Ruhe seine Dispositionen – und machte wieder Fehler über Fehler. Denn ihm fiel anscheinend nichts anderes ein als sein einstiges Erfolgsrezept, das Modell Tschigirin, sein Sieg mit einer zweigeteilten Armee über die belagerte Kosakenstadt und über das fast bis zu den Mauern der Festung vorgerückte Entsatzheer des russischen Generals Romodanowski. Am 9. September hielt Kara Mustafa nach langer Zeit wieder Kriegsrat. Die Besprechung war jedoch kurz, das offizielle Tagebuch des Feldzuges vermerkt, sie habe nur eine knappe Stunde gedauert. Der Großwesir hat für seine höchsten Truppenführer bloß den alten Schlachtplan von Tschigirin rekonstruiert:

»Es wurde einstimmig beschlossen, daß bei der Annäherung der Feinde des Glaubens die Leute in den Gräben unbeirrt in ihren Abschnitten bleiben, sämtliche Paschas jedoch mit den berittenen Truppen ihrer Pforten und Provinzen den Giauren entgegenrücken und den Kampf mit ihnen aufnehmen sollen. Wenn wir mit Allahs des Allerhabenen Gunst den Feind zurückwerfen und schlagen, so haben wir die Festung sicher in der Hand, so meinte man.«

So meinte Kara Mustafa, obwohl er nicht wußte, wie stark das Entsatzheer war, das er mit einem Teil seiner von der langen Belagerung ohnehin erschöpften Armee besiegen wollte. Die türkische Infanterie, um die 30.000 Mann, blieb, nach dem Muster Tschigirin, im Grabensystem, obwohl sie, im hügeligen Gelände westlich und nordwestlich der Stadt verschanzt, dem vorrückenden deutsch-polnisch-österreichischen Heer ernsthafte Schwierigkeiten hätte bereiten können. Auch die Artillerie beschoß weiterhin die Bollwerke Wiens, nur zwei Kolumbrinen-Geschütze und etwa dreißig leichte Sahi-Kanonen wurden aus den Stellungen den Bastionen gegenüber herausgezogen und zur Sicherung der Straße, die nach Klosterneuburg führte, aufgestellt. Denn der Großwesir erwartete den Angriff auf dem schmalen Streifen Flachland des rechten Donauufers (wo kein halbwegs geschulter General angegriffen hätte), im Engpaß entlang der Straße Greifenstein–Klosterneuburg–Kahlenbergdörfl–Nußdorf. Die Streitmacht, die das Entsatzheer aufhalten, zurückwerfen, ja vernichten sollte, bestand nur aus 28.000 bis 30.000 Mann, vornehmlich aus Reiterei, mehr für einen tollkühnen Angriff als für einen zähen, hinhaltenden Abwehrkampf geeignet. Es war eine bunt zusammengewürfelte Truppe aus kleinen und kleinsten Einheiten, sie stammte aus den verschiedensten Gegenden des weiten türkischen Reiches (was auch Sprachschwierigkeiten und Pannen in der Kommunikation verursacht hatte); es waren 600 Krieger aus Damaskus darunter, 300 aus der Herzegowina, 2000 aus Bosnien, 900 aus Adana, 1500 Pioniere, 4000 Mann des Ibrahim Pascha von Buda und 5000 Janitscharen. Sie standen unter keinem einheitlichen Kommando, operierten dann mehr oder weniger auf eigene Faust und erhielten auch von verschiedenen in Panik geratenen hohen Würdenträgern meist widersprüchliche Befehle.

Der Großwesir ließ die strategisch wichtigen Punkte westlich und nordwestlich der Stadt, den heutigen Leopoldsberg, den Kahlenberg, den Dreimarkstein und die Sophienalpe, nicht besetzen, er stellte hoch oben im Wienerwald nicht einmal Beobachtungsposten auf. Der gelehrte Streit, wer die Schlacht um Wien für das Abendland entschied, der König von Polen, Jan III. Sobieski, oder der treue Diener des Kaisers, der Herzog von Lothringen, dauert nun schon seit dreihundert Jahren an. Die Frage ist eher müßig, denn Kara Mustafa hatte das Treffen verloren, noch bevor der erste Schuß fiel.

Die türkische Artillerie feuerte nach wie vor wahllos in die Stadt, sie schoß, wie Augenzeugen berichten, schon mit allem, was sich in die Kanonenrohre hineinstopfen und nur irgendwie abdichten ließ, mit Degenknöpfen, Eisenstücken und Steinen. Am 9. und 10. September, jeweils in den späten Abendstunden, flog zwischen der Burgbastei und der Löwelbastei eine Mine auf, aber die Trümmer versperrten wieder einmal die Bresche. Starhemberg befahl den Bürgerkompanien der ledigen Fleischhauer und der Brauergesellen, die beschädigte Mauer sofort auszubessern. Trotz höchster Gefahr stellten die Wiener Handwerker ihren nüchternen Sinn für das Materielle unter Beweis: Bevor sie ausrückten, gab es eine Lohnverhandlung. Die zwei Kompanien, insgesamt 234 Mann, verlangten für den Einsatz im feindlichen Kugelhagel drei Groschen pro Person und pro Tag. Sie arbeiteten drei Tage lang, legten eine Rechnung von 129 Gulden, bekamen das Geld jedoch nicht, und so reichten sie nach der Belagerung, im März 1684, ein Gesuch ein, »in Betrachtung, daß kein einziger Mensch zu solchem gefährlichen Ort sich gebrauchen lassen, sondern mir unsers Leben kein Augenblick nicht sicher gewesen . . . dieses rechtmeßige Begehren und wohl verdienten Lohn in Gnaden anzuschaffen und verwilligen lassen«. Die Stadtverwaltung entschied sich für eine halbe Lösung, sie kürzte den »wohl verdienten Lohn« ohne Angabe von Gründen und zahlte statt der mit den Offizieren der Garnison vereinbarten 129 Gulden nur 45 Gulden aus.

Der Sturm nach der Explosion der letzten türkischen Mine in der Nacht auf den 11. September war schwach, die Verteidiger schlugen die kaum zweihundert Janitscharen, die noch versucht hatten, in die Stadt einzubrechen, fast ohne eigene Verluste zurück. Die Stimmung besserte sich, man wußte bereits, daß die Türken zwischen zwei Fronten geraten waren. Stadtrat Dr. Nikolaus Hocke schreibt:

»Am Morgen des 11. September bemerkten wir im feindlichen Lager eine starke Bewegung: Die Türken begannen sich vor den Bergen, die zu ihrer Linken lagen, in Schlachtordnung aufzustellen. Das zeigte uns an, daß unser Entsatz nicht mehr weit war, und in dieser Ansicht wurden wir durch eine Rauchwolke bestärkt, die wir auf dem Kahlenberg sahen. Wir hielten sie für den Pulverqualm von Geschützen, obgleich man die Schüsse nicht hörte.«

Die Rauchwolke stammte vermutlich von Signalraketen, die nicht richtig gezündet hatten. Denn in der Früh des 11. September erreichte die Vorhut des Entsatzheeres den heutigen Leopoldsberg, der damals Kahlenberg hieß (der heutige Kahlenberg hieß wiederum Sauberg); es waren etwa siebzig Musketiere, italienische Freiwillige unter dem Kommando eines Offiziers aus Savoyen, Carlo Emilio Marchese di Parella. Vom Stephansturm stiegen ebenfalls Raketen auf, die Stadt zeigte, daß sie in höchster Not sei, begrüßte aber auch die Befreier, die nun gerade dabei waren, ihre Ausgangspositionen für die Entscheidungsschlacht auf den Höhen des Wienerwaldes zu beziehen.

Der Aufmarsch

Am Nachmittag des 9. September begann das Entsatzheer den beschwerlichen Aufstieg durch den nördlichen Wienerwald. Auf dem rechten Flügel, von Königstetten aus mit Front nach Südosten, marschierten die Polen, in der Mitte, bei Wolfpassing und Wördern, die Bayern, Franken, Schwaben und die Salzburger, am linken Flügel, bei Altenberg und Greifenstein, die Sachsen und die kaiserliche Feldarmee. Die bewaldeten Berge mit einem nahezu undurchdringlichen Unterholz heben sich steil von der Ebene des Tullner Feldes ab, das zerklüftete Gelände ist von engen Tälern, tiefen Bachbetten, natürlichen Gräben und von kaum sichtbaren, tückischen Abbrüchen durchzogen. Straßen oder auch nur schmale Waldwege für Fußgänger gab es damals in dem zum Teil dem Stift Klosterneuburg, zum Teil dem Kaiser gehörenden Gebiet so gut wie keine.

Die Bagagewagen und die Geschütze der schweren Feldartillerie blieben daher im Lager bei Tulln zurück, Munition, Proviant und Kriegsgerät wurden auf Maultiere geladen oder gar auf den Rücken der Soldaten mitgeschleppt, die leichte Regimentsartillerie schrittweise über die dichtbewachsenen Steilhänge hinaufgetragen.

Die Strecke, die die Polen zu bewältigen hatten, eine Route von etwa 17 Kilometern, war die längste und auch die schwierigste; die abgesessenen Panzerreiter mußten oft auf allen vieren vorwärtskriechen, sie zogen ihre Pferde unter unmenschlichen Anstrengungen hinter sich her, suchten die Abgründe und Gräben zu umgehen und verloren mehrere Male am Tag die Orientierung. Carolus gab ihnen zwar einen ortskundigen Führer mit, Christian Pötzlberger, einen kaiserlichen Förster aus Ansbach, der sich redlich bemühte, den günstigsten Weg zu finden. Aber er ging meist an der Spitze der Marschkolonne und konnte den weit hinten steckengebliebenen oder verirrten Soldaten nicht immer helfen. Sein harter und wohl auch höchst verantwortungsvoller Einsatz wurde dann von der knausrigen kaiserlichen Hofkammer schäbig belohnt: Der wackere Mann bekam dafür, daß er »den rechten Weg durch den Wienerwaldt mühesamb gewißen«, nur ganze 18 Gulden.

Polnische Historiker behaupten oft, Sobieski auf den rechten Flügel zu stellen, ihn durch das schwierigste Gelände marschieren zu lassen, wäre böswillige Absicht gewesen, die subtile Rache des Herzogs von Lothringen für all die erlittenen Demütigungen und Enttäuschungen, für den verfehlten polnischen Thron und den an Sobieski verlorenen Oberbefehl der vereinigten christlichen Armeen.

Für die Vorwürfe gibt es keinen Beweis. Doch daß die polnischen Panzerreiter gerade die steilsten und unwegsamsten Hänge hinaufklettern mußten, deutet zweifellos auf einen, wenn auch sicherlich unbewußten Fehler des Aufmarschplanes hin. Anderseits müßte man aber auch bedenken, daß der Herzog von Lothringen gewiß nicht alle Hügel, Abgründe und Gräben in der Gegend des Tulbinger Kogels, des Steinriegls und des Scheiblingsteins kannte. Sobieski war jedenfalls verärgert, und er beklagte sich, daß der qualvolle Gewaltmarsch ohne Verpflegung gemeistert werden mußte: »Wir haben in den letzten Tagen, nämlich Freitag und Samstag, so streng gefastet, daß jeder von uns den Hirsch über die Berge jagen könnte. Den Pferden geht es am schlimmsten, sie haben nichts zu fressen als Baumblätter. Die Lebensmittel und das Futter, das man uns versprochen hatte, wurden nicht geliefert; dessenungeachtet sind die Leute voll guten Willens . . .« Über das disziplinierte Verhalten der vier sächsischen Infanteriebataillone, die ihm zur Verstärkung des rechten Flügels zugeteilt waren, bemerkte er anerkennend: ». . . die deutschen Infanterieregimenter, welche mit den unseren vereinigt wurden, dienen mit einer Folgsamkeit, die ich bei den meinigen nie gesehen habe.«

Die Polen brauchten fast 50 Stunden, um die ihnen zugewiesene Bereitstellung am Roßkopf (Seehöhe 507 m) nördlich der heutigen Sophienalpe zu erreichen. Die deutschen Reichstruppen, die im Zentrum der weit auseinandergezogenen Linie um die 12 Kilometer zurückzulegen hatten, rückten, obwohl sie auch wiederholt natürliche Hindernisse überwinden mußten, verhältnismäßig rasch gegen den Hermannskogel (Seehöhe 542 m) und den Vogelsangberg (Seehöhe 504 m) vor. Die Österreicher und die Sachsen am linken Flügel bestiegen den Kahlenberg (heute: Leopoldsberg, Seehöhe 432 m) und den Sauberg (heute: Kahlenberg, Seehöhe 483 m); sie waren auf der etwa 14 Kilometer langen Strecke die Schnellsten: Ihre ersten Bataillone standen schon gegen zwölf Uhr mittags des 11. September auf den Gipfeln. Carolus und Kurfürst Johann Georg

III. richteten ihr Hauptquartier sogleich in den Ruinen des von den Tataren in Brand gesteckten Kamaldulenserklosters ein.

Der Kapuzinermönch Pater Marco d'Aviano, Botschafter des Papstes und inoffizieller Beobachter des Kaisers, marschierte im Stab des Herzogs von Lothringen mit. Am späten Nachmittag des 11. September schrieb er einen Brief an Leopold I.:

»Die Armee ist sehr schön, sowohl an Infanterie wie an Cavallerie, und ich schätze, es dürften 70.000 Mann sein, die Waffen tragen. Mögen Euere kaiserliche Majestät entscheiden, wo ich etwas tauge, und mir befehlen und beharren in dem gewohnten Gottvertrauen, welches sich bewähren wird durch die Wirkung der göttlichen Güte. Morgen wird, wie ich hoffe, wenn es Gott gefällt, der Angriff stattfinden, und er wäre schon heute erfolgt, aber wegen der Artillerie müssen wir warten, weil sie Berge passieren muß, was nicht ohne die größten Schwierigkeiten geschehen kann.

Euer kaiserlichen Majestät und der Majestät der Kaiserin spreche ich meine Verehrung aus und wünsche alles wahrhaft Gute. Ich verbleibe Euer kaiserlichen Majestät auf dem Berge, im Angesichte von Wien den 11. September 1683, demütigster, untertänigster, gehorsamster und wahrer Knecht, Bruder Marco d'Aviano, Capuziner-Pater und armer Sünder.«

Ob Marco d'Aviano die legendäre Messe vor der Schlacht, bei der König Jan III. Sobieski ministriert haben soll, noch in der Ebene von Tulln oder auf dem heutigen Leopoldsberg beziehungsweise auf dem Kahlenberg zelebrierte – wenn überhaupt –, darüber gehen die Meinungen der Chronisten und Historiker seit dreihundert Jahren auseinander. Polnische Quellen und Biographen nennen als Schauplatz der erhabenen Szene das Tullner Feld, deutsche, österreichische und englische Geschichtsbücher abwechselnd den Leopoldsberg und den Kahlenberg. Marco d'Aviano selbst berichtet nur, daß er sich auf dem Gipfel eines Berges befinde, die Armee marschiere vorbei, und »ich gebe ihr den Segen«.

Sobieski schrieb am 12. September um drei Uhr früh auf dem Kahlenberg einen ausführlichen Brief an seine Frau, erwähnt aber die Messe mit keinem Wort. Der König wurde in der Nacht aus seiner Bereitstellung am Roßkopf in das Hauptquartier des Herzogs von Lothringen auf den Kahlenberg herübergebeten, um die letzten Entscheidungen vor der Schlacht gemeinsam zu treffen. Die Entfernung, die er zu den Ruinen des Kamaldulenserklosters und zurück zu seinen Truppen im unwegsamen Gelände zu bewältigen hatte, betrug immerhin etwa zwanzig Kilometer. Sobieski war damals neunundfünfzig Jahre alt, er wog weit mehr als hundert Kilo, er hatte hohen Blutdruck und wurde von heftigen Migräneanfällen geplagt. Seine psychische Konstitution war aber anscheinend ungewöhnlich kräftig, sein übermäßiger Ehrgeiz, seine Eitelkeit und nicht zuletzt sein stark ausgeprägtes Pflichtgefühl halfen ihm über alle physischen Schwierigkeiten hinweg.

Die letzte Nacht, die Nacht auf den Sonntag, den 12. September, war kalt, aber das Wetter besserte sich, die Wolkenfelder zogen in Richtung Osten ab, der Regen hörte auf, man sah Sterne. Und man sah im klaren Licht des Morgengrauens unten in der Ebene die Stadt. Ein französischer Artillerieoffizier, Ingenieur Dupont, der im Stab Sobieskis diente und mit dem König gegen fünf Uhr früh das Hauptquartier des Herzogs von Lothringen auf dem Kahlenberg verließ, schreibt in seinen Memoiren:

»Großer Gott! Welch ein Schauspiel bot sich unseren Augen vom Scheitel dieses Berges dar! Der ungeheure Raum von prächtigsten Zelten übersät, denn auch die Insel Leopoldstadt ist damit bedeckt. Das fürchterliche Gedonner aus den Feuerschlünden der feindlichen Batterien und die erwidernden Schüsse von den Stadtmauern erfüllen die Lüfte. Rauch und Flammen verhüllten die Stadt dergestalt, daß nur die Spitzen der Türme dazwischen sichtbar waren. Überdies aber breiteten sich die Osmanen in Schlachtordnung vor ihrem Lager von der Donau bis an die Gebirge aus, und weiter links von den Türken zogen ungezählte Tatarenhorden gegen die Höhen und Waldungen heran, ihrer Sitte gemäß in Haufen und Unordnung. All dies war in voller Bewegung und rückte gegen das christliche Heer vor.«

Kara Mustafa suchte sein Heil in der Vorwärtsverteidigung. Die Türken bauten keine befestigten Stellungen, obwohl sie zwischen dem 8. und dem 12. September dazu noch reichlich Zeit gehabt hätten. Der Großwesir beschloß, das Entsatzheer in den Hügeln und Weinbergen am Hang des Wienerwaldes durch offensive Operationen aufzuhalten. Dazu reichten aber die für die Feldschlacht abgestellten Kräfte des türkischen Heeres bei weitem nicht aus. Taktische Reserven, die in getarnten Bereitstellungen auf ihren

Einsatz gewartet hätten, um in den besonders gefährdeten Abschnitten der Frontlinie überraschend einzugreifen, gab es keine. Die meist berittenen Einheiten kämpften mit unterschiedlicher Intensität. Die Elitetruppen, vor allem die Kurden, Syrer und Anatolier unter dem Kommando des ehemaligen Wiener Botschafters Kara Mehmed Pascha, und die Reiterschwadronen und Janitscharen, die Ibrahim Pascha aus Ungarn herangeführt hatte, die Krieger des Bekir Pascha von Aleppo und des Halil Pascha von Sivas griffen die Vorhut des Entsatzheeres ungestüm an und hielten auch später, in den erbitterten Rückzugsgefechten, noch lange stand. Andere Kontingente wiederum, die Ägypter, die Provinztruppen aus Mazedonien und aus der Herzegowina, die Reiter aus Adana und aus Karaman, zogen lustlos in den Kampf und traten bereits nach der ersten Feindberührung den Rückzug an. Manche Einheiten, wie die Truppen aus Ägypten, blieben dann gar nicht mehr stehen, sondern eilten an der belagerten Stadt vorbei in Richtung Ungarn weiter. Die Tataren, angeblich mehr als 20.000 Mann, ritten auf dem äußersten linken Flügel der türkischen Angriffslinie gegen die Höhen um den Roßkopf herum, drehten aber plötzlich ab und verschwanden aus der Kampfzone, ohne einen Pfeil abgeschossen zu haben.

Die zahlreichen Händler im türkischen Lager machten sich über die Chancen des miserablen Feldherrn Kara Mustafa anscheinend keine Illusionen. Denn kaum begann die Schlacht, packten sie schon ihre Ware ein, luden alles auf Fuhrwerke, Maultiere und Pferde und traten die Heimreise an. Verwaltungsbeamte, Feldscher, Tschauschen, Handwerker, Tierwärter und Köche, von der stets äußerst verläßlichen Witterung der Händler für militärische Katastrophen beeindruckt, gingen ebenfalls daran, ihre Zelte abzubrechen, ihr Hab und Gut auf ihre Tragtiere und auf die mitgeführten Bagagewagen aufzuladen.

Man sah das Entsatzheer. Es stieg unter dem wolkenlosen Himmel eines ungewöhnlich heißen Spätsommertages langsam, aber beständig von den Höhen des Wienerwaldes gegen die belagerte Stadt herab. Das türkische Tagebuch des Feldzuges malt ein düster-dramatisches Bild: »Die Giauren hatten die Palanke auf dem Berg* erreicht und tauchten nun mit ihren Abteilungen auf den Hängen auf wie die Gewitterwolken, starrend vor dunkelblauem Erz . . . Es

* Vermutlich das Kamaldulenserkloster am Kahlenberg.

war, als wälze sich eine Flut von schwarzem Pech bergab, die alles, was sich ihr entgegenstellt, erdrückt und verbrennt.«

Hofkriegsrat Johann Peter von Vaelckeren beobachtete den Vormarsch der vereinigten christlichen Armeen von der Stadtmauer:

»Kaum hatte die Morgenröte hervorgeblickt, da sahen wir das Gebirge überall voller Volks, welches sich von den beiden beschriebenen Gebäuden* in einer langen und breiten Linie mit beständig geschlossenen Gliedern langsam und allgemach herunterließ und überall einige Stücke vor sich her führte, immerzu auf die unten an dem Berg stehenden Türken losbrannte und unterdessen, daß solche wieder geladen wurden, den Nachkommenden Zeit und Weile gegeben wurde, sich an die Vorhergehenden enger und enger anzuschließen. Alsdann rückten sie wieder durch Busch und Stauden, durch Hecken und Sträuche die Weingärten herab auf vierzig bis fünfzig Schritte gegen die Türken, mit den Stücken vor sich her; dort brannten sie abermals das Geschütz los, hielten so lange still, bis die Nachfolgenden sich wieder an sie wohl angeschlossen hatten. Auf diese Weise kamen sie allgemach Fuß für Fuß mit kontinuierlich geschlossenen Flügeln herunter, bis an den Fuß des Gebirges, wo die Türken standen. Da ging es allgemach an ein Scharmutzieren, und wie sie die große Menge des christlichen Volks mit Panzern, Harnischen, Säbeln, Degen, Röhren, Pistolen und allen anderen erdenklichen Waffen wohlversehen und ausgerüstet heranrücken sahen und wahrnahmen, daß dessen kein Ende war (denn es drangen immerfort neue und neue Leute auf der Höhe aus dem Gehölz und Gesträuch hervor), und dies unendliche Anmarschieren vor sich sahen und hinter sich merkten, daß Ihre Exzellenz der Kommandant von den Stadtbasteien herab mit den längsten und schwersten Stücken, soweit diese überhaupt reichten, ihnen grausam und unaufhörlich in den Rücken spielen ließ, da beschlossen sie, mehr aus Verzweiflung als aus Tapferkeit, die Christen anzugreifen und sich mit ihnen ein Gefecht einzuflechten.«

* Gemeint sind das Kamaldulenserkloster und die Leopoldskapelle.

Die Schlacht

Der erste wuchtige Angriff der Türken traf den linken Flügel des Entsatzheeres: Bereits in den frühen Vormittagsstunden waren Österreicher und Sachsen unterhalb des heutigen Leopoldsbergs und des Kahlenbergs in schwere Kämpfe verwickelt. Denn Kara Mustafa glaubte noch immer, die vereinigten christlichen Armeen würden, in eine einzige dichte Kolonne zusammengefaßt, den Durchbruch zu der belagerten Stadt von Norden her, entlang der Donau, erzwingen wollen. Die Truppen des Kara Mehmed Pascha, des Hizir Pascha von Bosnien und des Mehmed Sisman Pascha stürmten den Nußberg, die Janitscharen und Reiter des Ibrahim Pascha und des Hasan Pascha von Rumelien drangen über Nußdorf vor. Doch nach etwa zwei Stunden brach die Offensive zusammen, der Mangel an Reserven machte sich bemerkbar, die erschöpften, zahlenmäßig unterlegenen Türken, die besonders in den Straßenkämpfen in Nußdorf hohe Verluste erlitten, zogen sich allmählich zurück. Kaiserliche und sächsische Dragoner zu Fuß nahmen Nußdorf, sächsische Infanterie warf die Osmanen aus Heiligenstadt. Der linke Flügel des Entsatzheeres, der unter dem Doppelkommando des Herzogs von Lothringen und des Kurfürsten von Sachsen den ersten, sichtbaren Erfolg erkämpfen konnte, entfaltete sich nun zwischen Grinzing und der Donau und stand auf beider Seiten der Straße, die von Heiligenstadt über Unter-Döbling in das Lichtental führte.

Die Bayern, Franken, Schwaben und Salzburger rückten von der Linie Hermannskogel–Vogelsangberg zügig gegen Neustift, Salmannsdorf und Sievering vor; sie trafen vorerst nur auf schwachen Widerstand. Die türkische Kampflinie war hier nur schütter besetzt, Infanterie zeigte sich kaum, die kleinen Gruppen von Berittenen gaben das Gelände, das sie verteidigen sollten, nach kurzen Scharmützeln preis und galoppierten in Richtung Wien zurück.

Doch die Kurden, Syrer, Anatolier und Bosnier, die Truppen des Hüseyin Pascha Abaza Sari mit dem Beinamen der »Einäugige«, die Krieger des Mehmed Sisman Pascha mit dem Beinamen der »Dicke« und vor allem die Einheiten des alten Ibrahim Pascha von Buda sammelten sich wieder und lieferten hinter Heiligenstadt, in der Gegend von Unter- und Ober-Döbling, den Bataillonen und Schwadronen des linken Flügels und auch den Truppen des inzwischen bis nach Grinzing und Gersthof vorgeschobenen Zentrums harte Gefechte. Die ungewöhnlich große Hitze, der stundenlange Marsch bergab über Stock und Stein und die heftigen Kämpfe mit einem noch angriffslustigen Gegner setzten nun auch den christlichen Soldaten, die in allzu warmen Uniformen und schwer bepackt in die Schlacht zogen, immer mehr zu. Der Vorstoß des Entsatzheeres wurde merklich langsamer, kam dann fast vollständig zum Stillstand; es schien, als hätten die Türken die Lage noch einmal in den Griff bekommen und ihre zurückgezogenen Linien einigermaßen stabilisiert. Im Offizierskorps des linken Flügels warf man, auf gut österreichische Weise, die Frage auf, ob man nicht doch eine Mittagspause halten sollte! Die Kaiserlichen neigten dazu, die Sachsen, die anscheinend keine Gemütlichkeit im Krieg kannten, waren dagegen. Generalfeldmarschall Freiherr von der Goltz, ein Preuße im sächsischen Dienst, dessen Infanterieregiment Heiligenstadt erstürmte, protestierte heftig: »Es wäre anjetzo nicht Zeit, dergleichen vorzunehmen, sondern vielmehr zu fechten!«, und fügte hinzu, er hoffe am Abend in Wien ein gutes Quartier beziehen zu können. »Marchons donc« (marschieren wir denn), sagte Carolus darauf kurz, und damit war die Frage entschieden. Es gab also keine Mittagspause, aber die müden Regimenter hielten dennoch an. Man wartete nun gespannt auf die Polen, auf ihren Angriff auf dem rechten Flügel, der die gesamte Offensive wieder in Gang bringen sollte. Aber die Polen verspäteten sich, was ihnen die deutschsprachige Geschichtsschreibung dann dreihundert Jahre hindurch mit schöner Regelmäßigkeit vorwarf, als hätten sie die kostbare Zeit, während rund um Wien schon seit Stunden deutsches Blut floß, aus unerfindlichen Gründen vertrödelt.

Die Polen verspäteten sich in der Tat. Aber sie hatten wieder die längste und schwierigste Strecke vor sich. Sobieski war erbost, er witterte hinter dem für seine Armee ausgearbeiteten Aufmarschplan böse Absichten. In dem Brief, den er kurz vor der Schlacht an seine Frau schrieb, behauptete er, man habe ihn bewußt irregeführt: »Die Generale selbst hatten uns versichert, daß, wenn wir den Kahlenberg erstiegen hätten, die Schwierigkeiten behoben sein würden und daß von da an der Weg nach Wien nur ein sanfter Abhang entlang der

Weinberge sein würde. Hier angekommen, erblicken wir zuerst das unermeßliche Lager der Türken und in der Ferne die Stadt Wien. Aber statt daß wir nur durch Felder von ihr getrennt wären, sind es vielmehr Wälder, Abgründe und ein sehr großer Berg, die wir vor uns haben und von denen uns kein Mensch etwas gesagt hat.«

Seit etwa sechs Uhr früh quälten sich die Polen durch eine widerspenstige Landschaft. Die verirrten Nachzügler und die achtundzwanzig leichten Geschütze waren die ganze Nacht unterwegs, sie mußten, als sie die Bereitstellung erreichten, gleich weiter. Die Stimmung der Armee war vermutlich nicht die beste. Vor dem Aufbruch in die Schlacht hielt Sobieski eine Ansprache, die deutsche und polnische Quellen in voneinander recht abweichenden Versionen wiedergeben. Nach den deutschen Chronisten hätte Sobieski unter anderem gesagt: »Ihr seid zu einem heiligen Krieg geweiht, wo selbst überwunden zu werden rühmlich ist. Ihr streitet nun für Gott, nicht für den König (das heißt: für Sobieski). Durch ihn ist es geschehen, daß ihr ohne jeden Kampf diesen Berg erstiegen und den halben Sieg, ohne den Feind gesehen zu haben, bereits in den Händen habt.« Die polnische Fassung der Rede lautet: »Wir sind zwar in einem fremden Land, doch wir kämpfen nicht für eine fremde Sache. Wir kämpfen für unser Land und für die Christenheit, nicht für den Kaiser, sondern für Gott.«

Erst am frühen Nachmittag, etwa gegen zwei Uhr, tritt das Gros der polnischen Armee, um die 16.000 Mann stark, bei Dornbach und bei Pötzleinsdorf aus dem Wald. Die Husaren, die in enggestaffelten Schwadronen an der Spitze der Kolonnen reiten, fallen sofort in scharfen Trab. Sie tragen Panther- und Bärenfälle über die Schulter geworfen, auf dem Rücken ihrer Brustharnische sind große, mit weißen Schwanenfedern beklebte, bewegliche Holzflügel befestigt; die gepanzerte Masse, die nun gegen die Täler donnert, sieht aus, als wären zornige Erzengel vom Himmelreich herabgestiegen, um die gottlosen Osmanen wegzufegen. Was aber vorerst noch nicht gelingt. Die Türken gruppieren schnell um, Ibrahim Pascha jagt mit seinen Reitern von Döbling nach Pötzleinsdorf, seine Janitscharen bilden eine Schützenkette, sie liegen gut getarnt in den Weinbergen in Deckung. Die Polen galoppieren in eine Falle, ihre Vorhut wird zusammengeschossen und zurückgetrieben. Doch die der polnischen Armee zugeteilten folgsamen Sachsen greifen rechtzeitig ein. Die vier deutschen Bataillone gehen ruhig, in geschlossener Formation, wie auf dem Exerzierplatz, vor, besetzen den Gallitzinberg und drängen die Janitscharen von den Hügeln herab gegen das freie Gelände, wo sie keinen Halt mehr finden können. Die polnische Kavallerie entfaltet sich in voller Schlachtordnung, König Jan III. Sobieski mit seinem Sohn Jakób an der Seite führt die Attacke an. Er hat für die historische Schlacht eine prachtvolle, ja bühnenreife Aufmachung gewählt, er trägt über seinem silberbeschlagenen Panzer eine lange, offene, dunkelblaue Samtjacke, darüber einen weiten, fliegenden Umhang aus schneeweißer chinesischer Seide. Sein schräg aufgesetzter Kalpak, die kostbare Pelzmütze des Ostens, ist mit Edelsteinen besetzt und mit einer Reiherfeder geschmückt, sein Streitkolben, das Zeichen des Heerführers, vergoldet. Er hebt ihn hoch, der alte polnische Schlachtruf ertönt: »Jezus, Maria, ratuj!« (Jesus, Maria, hilf!) Von Trommelwirbeln und Trompetensignalen begleitet, stürmen die Polen mit eingelegter Lanze los. Die Türken können den ungeheuren Schwung des Angriffs, den konzentrierten Stoß der Panzerreiter, Husaren und Dragoner, einer vielfachen Übermacht, nicht mehr auffangen, sie wanken kurz, und schon weichen sie zurück; ein zweites Treffen gibt es nicht mehr, die Polen brechen durch und rasen auf das türkische Zeltlager zu.

Nur Ibrahim Pascha kämpft noch auf dem linken Flügel der türkischen Armee; es scheint, daß in den letzten Stunden der Schlacht nur mehr der alte Wesir von Buda die noch erkennbaren Operationen, die einen halbwegs geordneten Rückzug sichern sollten, geleitet hat. Kara Mustafa erteilte keine Befehle mehr. Der Großwesir saß irgendwo in den Weinbergen zwischen der belagerten Stadt und dem Wienerwald unter einem Schattendach, das, laut eines eher unbestimmbaren Hinweises im türkischen Tagebuch, »in Reichweite der feindlichen Geschütze lag«. Die Legende bestimmte die Türkenschanze an Stelle des heutigen Türkenschanzparkes zum letzten Gefechtsstand des glücklosen Feldherrn. Doch die Türken hatten hier keine befestigte Schanze gebaut, nur eine Batterie von sechs leichten Sahi-Geschützen aufgestellt, die aber von der sächsischen Infanterie kampflos genommen wurde. Als die Polen aus dem Wald hervorbrachen, gab Kara Mustafa vermutlich auf: Allah habe die verheerende Niederlage gewünscht und vollbracht. Das offizielle Tagebuch des Feldzuges versucht zwar durch eine theatralische Szene, die stark an die Dramaturgie einer barocken Heldenoper erinnert, die Ehre des Großwesirs zu retten: »Als der Feind bereits das Scharfrichterzelt erreicht und auf dem Schatzzelt eine Fahne aufgepflanzt hatte, da griff der Großwesir mit einigen Gefolgsmännern und Paschas wieder in den Kampf ein und schlug sich dort gegen eine große Zahl von Giauren; er drang sogar persönlich, mit der Lanze in der Hand, auf die Giauren ein. In kühnem Eifer und in sinnloser Waghalsigkeit wollte der Großwesir nicht von der Stelle weichen; er war entschlossen, den Tod in der Schlacht zu suchen. Aber aus Mitleid für so viele Glaubensbrüder und aus Sorge um die heilige Fahne beschwor Osman Aga, der Aga der Spahi, den Großwesir: ›Herr, seid gnädig! Es ist alles verloren. Aber Euer Leben ist die Seele des Heeres; wenn Ihr Euch hinopfert, so muß das Heer des Islam zugrunde gehen. Bitte, laßt uns doch aufbrechen!‹«

Als die polnische Kavallerie das türkische Lager erreichte, hörte der schon ohnehin schwache Widerstand auch gegen die deutschen Reichstruppen im Zentrum und gegen die Österreicher am linken Flügel auf. Das türkische Tagebuch des Feldzuges berichtet, daß die Streiter des Islam, von der Angst um ihr Eigentum gepackt, nur mehr danach strebten, zu ihren Zelten zurückzukommen. Das Chaos war perfekt, das Heer löste sich auf, die Flucht in Richtung Ungarn begann. Daß die geschlagenen, verwirrten, in Panik geratenen Türken, die verzweifelt versucht hatten, dem Angriff der Kavallerie zu entrinnen, ihr Gepäck zusammenzuklauben und mitzuschleppen, noch dazu Zeit gefunden hätten, ihre Gefangenen, Männer, Frauen und Kinder, niederzumetzeln, wie dies die christlichen Chronisten behaupten, klingt recht unwahrscheinlich. Georg Christoph Kuniz, Geisel des Großwesirs, von dem die Türken doch gewußt haben, daß er während der Belagerung nicht ganz untätig in seinem Zelt herumsaß, blieb jedenfalls samt seiner Dienerschaft unbehelligt und hatte dann Mühe, den heranstürmenden Polen klarzumachen, daß er und seine Leute Christen seien und daher nicht in Stücke gehauen werden sollten.

Das Zentrum und der linke Flügel des Entsatzheeres rückten rasch gegen die Stadt vor. Es war knapp nach fünf Uhr am Nachmittag, als die ersten Truppen, das österreichische Dragonerregiment Heißler, das sächsische Dragonerregiment Neuß und das halbe österreichische Infanterieregiment Württemberg, beim Schottentor die Mauern von Wien erreicht und sich mit einem Stoßtrupp der Garnison, der einen Ausfall unternahm, vereinigt hatten. Man warf sich auf die Janitscharen, die in den tiefen Gängen des Grabensystems von der Schlacht nichts gesehen und zum Teil noch immer gegen die Verteidiger der Bollwerke gekämpft haben. Sie versuchten zwar zu fliehen, wurden aber, nun von allen Seiten eingekreist, zusammengetrieben und abgeschlachtet. Christliche Barmherzigkeit schien an diesem Tag die christlichen Soldaten nicht im geringsten beeinträchtigt zu haben: »Etwa 10.000 Mann, die vom Kampf um die Gräben völlig erschöpft und durch Schüsse aus Geschützen, Flinten und Mörsern oder durch Steinwürfe verwundet und kampfunfähig waren oder gar den Arm oder das Bein verloren hatten, wurden unverzüglich erschlagen«, stellt das türkische Tagebuch des Feldzuges fest. Über die Verluste der Türken gibt es keine verläßlichen Zahlen, die Schätzungen bewegen sich zwischen 15.000 und 30.000, vermutlich sind aber die von den christlichen Chronisten gemachten Angaben viel zu hoch berechnet. Denn das Entsatzheer hatte nur um die 1500 Mann verloren, etwa zwei Prozent seiner Gesamtstärke. Der englische Offizier im kaiserlichen Dienst, Generalfeldwachtmeister Taaffe, Earl of Carlington, dem an einer Legendenbildung offensichtlich nichts lag, sprach in seinen Briefen von einer leichten, keineswegs mörderischen Schlacht, da die Türken, schon von Anfang an unterlegen und demoralisiert, der christlichen Übermacht gegenüber kaum nennenswerten Widerstand geleistet hätten. »Never victory of so great importance cost so little blood« (Noch kein Sieg von so großer Bedeutung hat so wenig Blut gekostet). Carolus, dessen Plan sich als der richtige erwies, kommentierte die erfolgreich abgelaufenen militärischen Operationen mit keinem Wort. Sobieski schrieb in sein Tagebuch unter dem Datum Sonntag, der 12. September 1683, den knappen Satz: »Wygrana potrzeba« (Die Schlacht gewonnen).

Ein peinlicher Besuch

Kara Mustafa verließ, wie das türkische Tagebuch des Feldzuges erzählt, »anderthalb Stunden vor Sonnenuntergang seine Zeltburg durch das hintere Tor und machte sich auf den Weg. Jedermann im Heer packte nur sein leichteres Gepäck zusammen und ließ seine sonstige Habe in Stich. Auch der Privatschatz des Großwesirs und sein ganzes sonstiges Eigentum blieb in seinen Zelten zurück.«

Den Privatschatz und das »ganze sonstige Eigentum« des Großwesirs fand König Jan III. Sobieski, der an der Spitze seiner geflügelten Husaren als erster christlicher Feldherr die prunkvoll eingerichtete Zeltburg des Kara Mustafa betrat: »Der Wesir hat auf seiner Flucht alles zurückgelassen, er hat nur sein Kleid und sein Pferd behalten. Ich habe mich zu seinem Erben eingesetzt, denn der größte Teil seiner Reichtümer ist mir in die Hände gefallen . . . Die Deutschen haben beinahe nichts bekommen. Denn außer denen, die sich bei mir befanden, kam an diesem Tag keiner in das türkische Lager.«

Das machte freilich böses Blut. Die Polen, die am Nachmittag, als ihre waghalsige Reiterattacke den letzten türkischen Widerstand brach, noch als heldenmütige Bundesgenossen gefeiert und mit begeisterten Hurrarufen begrüßt worden waren, verwandelten sich in den Augen ihrer Verbündeten schon am frühen Abend in ein beutegieriges Gesindel, von dem man nur mehr mit kaum verhehlter Verachtung sprach. Generalfeldwachtmeister Taaffe berichtet: ». . . der Feind hatte nicht einmal Zeit, seine Zelte abzubrechen. Der Platz war überallhin mit der reichsten Beute bedeckt. Unsere deutschen Truppen marschierten mitten durch diese Beute, und kein Soldat, weder zu Fuß noch zu Pferd, trat auch nur einen Schritt aus dem Glied, um zu plündern. Wir schätzten den Ruhm dieser Enthaltsamkeit höher als die unermeßliche Beute der Polen.«

Die unermeßliche Beute der Polen wurde grob auf 30 Millionen Gulden geschätzt. Aber auch die deutschen Reichstruppen und die Soldaten der österreichischen Feldarmee langten dann doch zu; sie fanden noch in den Zelten und rund um das türkische Grabensystem Kostbarkeiten, Lebensmittel und Vieh im Wert von etwa 10

Millionen Gulden. Nun rannten auch die zweifellos überglücklichen Wiener aus der Stadt, mischten sich unter die plündernden Soldaten und versuchten, ihren Anteil an der Beute zu sichern. Stadtrat Dr. Nikolaus Hocke erinnert sich, daß »von dem herumliegenden Vieh und den toten Körpern der Menschen« ein furchtbarer Gestank die Luft verpestet hätte, was aber die tüchtigen Schatzsucher in keiner Weise gestört habe; man platzte ja in eine Märchenwelt der Reichtümer hinein: »Es waren eine Menge verschiedener Sachen: Ochsen, Wagen, Zelte, Viktualien, Reis, Öl, Schmalz, Mehl, Zinn, Kupfer und allerlei Hausrat zu finden, und es hat ein jeder genommen, was er nur hat nehmen und tragen können und wollen und in die Stadt hineingetragen.« Auch das drei Meter hohe Kreuz aus schwerem Eichenholz, vor dem die rumänischen Hilfstruppen mitten im türkischen Lager die Messe hörten, wurde gefunden, das verendete Lieblingstier des Großwesirs, ein Strauß-Vogel, und sein Papagei, der in der letzten Stunde der Schlacht aus der Zeltburg entflog, Büffel und Kamele, Brokatmäntel und Seidenstoffe und auch einige türkische Mädchen, von deren späteren Schicksal die zeitgenössischen Berichte, wohl auf Veranlassung der kaiserlichen Zensur, taktvoll schweigen.

Bischof Kollonitsch ging auch in das türkische Lager, er nahm aber nichts, nicht einmal eine Fahne als Andenken; er sammelte die zu den Türken übergelaufenen oder von ihnen verschleppten Knaben ein, fand angeblich mehr als fünfhundert, brachte sie auf eigene Kosten im ehemaligen Zuchthaus in der Leopoldstadt unter, wo er sie dann zu guten Jesuiten und Kapuzinern erziehen ließ.

Stadtkommandant Starhemberg kümmerte sich um das liegengelassene türkische Kriegsmaterial. Seine Bergungskommandos, vorbildlich diszipliniert, lieferten der Feldarmee und dem kaiserlichen Zeughaus in Wien unter anderem 117 türkische Geschütze, 983 Zentner Schießpulver, 1500 Zentner Blei, 2000 eiserne Schilde, 500 Janitscharenflinten, 2000 Brandgeschosse, 18.000 Gewehr- und Pistolenkugeln und 8000 leere Munitions- und Bagagewagen ab.

Die Spannung zwischen den Verbündeten wuchs von Stunde zu Stunde. Am späten Abend, bei Fackelschein, brach die erste Schlägerei zwischen deutschen und polnischen Soldaten um die Beute aus. Sobieski beschwerte sich beim Herzog von Lothringen. Carolus kannte den Krieg, den Sieg und alles, was nachher kommt. Er blieb gelassen. Sobieski notierte verärgert: »Er gab keine Genugtuung.«

Dann wollte Sobieski die befreite Stadt besuchen. Seinen Wunsch, das gerettete Wien noch vor dem Kaiser zu betreten, wertete man als ungeheure Anmaßung und auch als Beweis dafür, daß dieser, aus dem östlichen Nichts emporgekommene Polakenkönig keine Ahnung von den heiligen Vorschriften des spanischen Zeremoniells hätte. Daß Sobieski sich hier eines unverzeihlichen Fauxpas schuldig machte, wird von der österreichischen Geschichtsschreibung noch heute nahezu einmütig festgestellt und getadelt: Der König, nur nomineller Oberbefehlshaber des Entsatzheeres, habe sich dem Triumph hingegeben und wäre nicht bescheiden und demütig genug gewesen, auf die Ankunft des Kaisers zu warten. Stadtkommandant Starhemberg war zweifellos in einer peinlichen Lage, als er, vermutlich gegen seine innere Überzeugung, versuchte, Sobieski von dem Besuch abzuhalten; er ließ ihn wissen, daß ein würdiger Einzug derzeit nicht inszeniert werden könne, da die Stadttore noch vermauert seien. Sobieski seinerseits antwortete Starhemberg, er wäre bereit, auch durch eine der kleinen, geheimen Ausfallspforten in die Stadt zu kommen. Und er kam, durch die Ausfallspforte neben dem Schottentor, führte in seinem kleinen, improvisierten Zug ein schönes türkisches Beutepferd und drei Fahnen des Großwesirs mit, besuchte zuerst die Kirche im Profeßhaus der Jesuiten, dann den Stephansdom und schließlich die Kapelle Unserer Lieben Frau von Loretto bei den Augustinermönchen, wo er und sein Gefolge die Messe hörten. Nach der Messe sang er »mit eigener Stimme selbst« das Tedeum, und damit verscherzte er sich das Wohlwollen der österreichischen Chronisten und gelehrten Berichterstatter der Türkenbelagerung erneut bis in das Jubeljahr 1983, denn er mißachtete eine scheinbar auch vor Gott gültige Rangordnung: Das Tedeum in der befreiten Stadt mit eigener Stimme selbst zu singen, wäre einzig und allein Seiner Majestät Kaiser Leopold I. zugestanden.

Die Wiener kannten sich in den heiklen Fragen des spanisch-habsburgischen Protokolls anscheinend nicht ganz genau aus, oder sie freuten sich einfach, daß sie die Belagerung überlebten, denn sie begrüßten Sobieski mit stürmischen Vivat-Rufen, sie küßten ihm die Hand (er war ja doch ein König) und liefen ihm und seinem Gefolge überall nach. Stadtkommandant Starhemberg bewies Zivilcourage, er lud Sobieski und seine hohen Offiziere, die Mitglieder des Geheimen Deputiertenkollegiums und des Stadtrates zu einem

Festessen in seine Wohnung ein. Dr. Nikolaus Hocke erzählt, daß die Stimmung sehr gut und »das Traktament an Speisen und Konfekt stattlich war und allerlei Wein und Bier vorhanden«. Für die Kosten des Mahles kam die Gemeinde auf, eine Rechnung, am 3. Dezember beglichen, blieb erhalten, der »löbliche Stadtrat« zahlte »für zwei gekaufte, gelieferte und verspeiste Indianische Hühner (Truthühner) und acht Paar alte Hühner« achtzehn Gulden. Der greise Feldzeugmeister Graf Kaplíř, Präsident des Geheimen Deputiertenkollegiums, meldete sich krank, er fürchtete, übrigens unbegründet, den Zorn des Kaisers, doch Sobieski bestand darauf, ihm einen kurzen Krankenbesuch abzustatten. Dann verließ der König von Polen die Stadt und kehrte in das in der Nähe von Schwechat aufgeschlagene Lager seiner Armee zurück.

Am nächsten Tag, am 14. September, traf Kaiser Leopold I. an Bord seines Leibschiffes in Wien ein. Man baute für ihn einen provisorischen Holzsteg neben dem eingemauerten Stubentor, über den er dann in die Stadt reiten konnte. Er besichtigte die ramponierten Bollwerke, ließ die Mitglieder des Stadtrates und des kaiserlichen Stadtgerichts zum zeremoniellen Handkuß zu, begab sich in den Stephansdom, wo Bischof Kollonitsch die heilige Messe zelebrierte. Der Kaiser sang das von Sobieski angeblich ein wenig abgewertete Tedeum, nahm anschließend, da die Hofburg schwer beschädigt war, in der Stallburg Quartier, wo er noch am selben Abend dem Abgesandten des polnischen Königs eine Audienz gab.

Es war eine höchst peinliche Audienz, denn der Abgesandte des polnischen Königs, Vizekanzler Gniński, legte dem Kaiser eine politische Rechnung für die Befreiung Wiens vor: Sobieski wünschte für seinen Sohn Jakób eine Tochter des Kaisers, Erzherzogin Maria Antonia, zur Frau und als Mitgift die ungarische Krone. Leopold I. hörte den in gewundenen Anspielungen verpackten Vortrag entsetzt an, tat dann aber so, als hätte er überhaupt nichts gehört. Auf Anraten seines Beichtvaters Marco d'Aviano ließ er Jan III. Sobieski immerhin wissen, daß er bereit sei, ihn zu treffen und sich bei ihm für den heldenmütigen Einsatz der polnischen Armee zu bedanken.

Die Begegnung fand gleich am nächsten Tag, am 15. September, in der Nähe des polnischen Lagers bei Schwechat statt. Experten des Protokolls arbeiteten die ganze Nacht und steckten, durch allerlei Kompromisse beider Seiten, einen annehmbaren äußeren Rahmen für das Treffen ab. Die Monarchen traten einander hoch zu Roß gegenüber und zogen gleichzeitig den Hut. Leopold I. hielt eine kurze Dankesrede in lateinischer Sprache. Das Lob, zumindest nach Ansicht der Polen, fiel dabei äußerst dünn aus. Der Kaiser, ohnehin introvertiert und kontaktarm, benahm sich auffallend kühl und herablassend. Als Sobieski ihm seinen Sohn vorstellte, nahm ihn Leopold gar nicht zur Kenntnis. Die hohen polnischen Offiziere, die Küsse und Geschenke erwartet hatten, übersah er wortlos; vor den geweihten Fahnen zog er nicht einmal seinen Hut. »Ich war darüber wie niedergedonnert«, schreibt Sobieski. »Um den Skandal und die Glossen des Publikums zu vermeiden, richtete ich noch einige Worte an den Kaiser, worauf ich mein Pferd wendete; wir grüßten einander gegenseitig, und ich ritt wieder auf mein Lager zu.«

Leopold I. hat gar nicht bemerkt, daß er sich falsch verhalten oder gar den polnischen König oder die Armee beleidigt hätte. Noch am selben Abend teilte er Pater Marco d'Aviano mit: »Meine heutige Zusammenkunft mit dem König von Polen ist sehr wohl vor sich gegangen, und wenn er so zufrieden mit mir war, wie ich mit ihm, so werden wir sicherlich getröstet sein können.«

Sobieski war schwer enttäuscht und tief gekränkt, er schrieb am 17. September an seine Frau: »Nach der Begegnung mit dem Kaiser änderte sich plötzlich alles, es ist, als ob man uns nicht mehr kenne . . . Da viele unserer Leute gegen die Stadt drängen, um dort einige Nahrung zu finden, weil man im Feld vor Hunger stirbt, so hat der Kommandant von Wien Befehl gegeben, sie nicht hineinzulassen und auf sie zu feuern. Unsere Kranken liegen auf Misthaufen; man weigert sich, unsere Toten auf den Kirchhöfen zu beerdigen . . .« Ob die Garnison auf die nicht gerade vorbildlich disziplinierten polnischen Reiter tatsächlich geschossen hätte, kann man, zumindest an Hand des umfangreichen deutschen Quellenmaterials über die Ereignisse nach der Entsatzschlacht, nicht mehr feststellen. Verbürgt ist immerhin, daß Stadtkommandant Starhemberg einen Aufruf an die Bevölkerung erließ, wonach die Wiener die gestohlenen Pferde der polnischen Soldaten »unverzüglich und bei Vermeidung hoher Strafe wieder zurückgeben« sollten. Sobieski entschloß sich nun zum Aufbruch: »Ich setze mich heute (am 17. September) in Marsch, um vielleicht einer größeren Hungersnot entgegenzugehen, aber ich will mich von dieser Stadt entfernen, wo man auf die Unseren Feuer gibt.«

Auch der Kurfürst von Sachsen, Johann Georg III., entfernte sich mit seiner Armee bereits am 15. September. Er schützte in einem schon unterwegs nach Dresden an Leopold I. gerichteten Brief »zugestoßene Unpäßlichkeit« vor, die ihn zur dringenden Rückreise von Wien genötigt und ihn daran gehindert hätte, vom Kaiser persönlich Abschied zu nehmen. Er war ebenfalls beleidigt und gekränkt, vermutlich, weil Leopold I. auch ihn nicht übermäßig warm begrüßt und seine Truppen, die zum Sieg zweifellos wesentlich beigetragen hatten, nicht sonderlich gelobt hatte. Johann Georg III. war obendrein Protestant und könnte auch mit Recht befürchtet haben, bei den allzu katholisch gefärbten Feiern und Danksagungen eine peinliche Nebenrolle spielen zu müssen. Immerhin achtete der Kurfürst in seinem Brief auf die Formen (wenn auch sein plötzlicher Abmarsch ein klarer Affront gegen den Kaiser des Heiligen Römischen Reiches war), er empfahl sich »in beharrlicher Huld und in treuester Devotion« und wünschte, daß der Allerhöchste die glänzenden Waffen des Monarchen »segnen und mit stetem Sieg und Triumph beglücken wolle«.

Der Sieg der glänzenden Waffen des Monarchen, der Triumph der christlichen Armeen über die Höllenscharen der Osmanen wurde in der befreiten Stadt mit Glockengeläut und einer Dankprozession gefeiert. Kaiser Leopold I. ermahnte in einem allerhöchsten Schreiben die vielgeprüften Wiener, fortan auf die in der katholischen Religion verankerten guten Sitten zu achten, »Pracht und Luxus, weiterhin Üppigkeit, Geilheit, Unzucht, Ehebruch und dergleichen mehr gewiß und sogar mit Anwendung scharfer Mitteln abzustellen, dagegen Tugend, Ehrbarkeit und Gottesfurcht wieder einzupflanzen«. Wer in Zukunft das Befohlene nicht befolge, soll »deutlich benamset werden, damit die empfindliche Bestrafung vom Hof aus wider dergleichen unausbleibentlich vorgenommen werden möge«.

Die gefallenen Christen begrub man, nachdem man ihre Identität festzustellen versucht hatte, in den zerstörten Friedhöfen der Vorstädte oder an einem schönen Platz im offenen Feld. Die toten Türken lud man auf leere Munitionswagen, fuhr sie zur Donau und warf sie in den Fluß.

Das Abendland war gerettet.

Was nachher geschah

Bevor Leopold I. am 19. September das halb zerstörte und arg stinkende Wien verließ, um in seine provisorische Haupt- und Residenzstadt Linz zurückzukehren, ernannte er den Stadtkommandanten Ernst Rüdiger Graf Starhemberg zum Feldmarschall, schenkte ihm 100.000 Reichstaler (umgerechnet etwa 300.000 Schilling) und einen kostbaren Ring. Starhemberg bat um eine Sonderzahlung für die Garnison in der Höhe eines Monatssoldes. Der Kaiser prüfte den Antrag und bewilligte als »Gratifikation für die tapferen Regimenter« einen halben Monatssold, insgesamt 27.133 Gulden und 45 Kreuzer. Am 22. September beschloß das Geheime Deputiertenkollegium, um die Stadt nicht weiterhin übermäßig zu belasten, daß die verwundeten und kranken Soldaten der Garnison und des Entsatzheeres, nahezu 3500 Mann, schleunigst verlegt werden sollten. Sie traten alsbald die qualvolle Reise nach ihren ursprünglichen Garnisonsstädten in Böhmen und Mähren in langen Kolonnen von offenen Leiterwagen an.

Die Polen, die österreichische Feldarmee und die Bayern nahmen die Verfolgung des geschlagenen Feindes auf ungarischem Territorium auf. Am 26. Oktober eroberten sie die Festung Esztergom (Gran), kaum fünfzig Kilometer von der ehemaligen ungarischen Haupt- und Residenzstadt Buda (Ofen) entfernt. Dann trat in den Kampfhandlungen die übliche Winterpause ein. Kara Mustafa beschäftigte sich damit, seine Truppenführer für die erlittene Niederlage zu bestrafen. Ibrahim Pascha von Buda, der unbequeme Zeuge, der den Großwesir vor dem übereilten Marsch nach Wien gewarnt und sein völliges Versagen als Heerführer miterlebt hatte, wurde ohne ordentliches Gerichtsverfahren zum Tode verurteilt und hingerichtet. Aber auch Sultan Mehmed IV. nahm die Gelegenheit wahr, sich von seinem verhaßten Großwesir zu befreien. Am 25. Dezember ließ er Kara Mustafa in Belgrad wegen des Debakels vor Wien mit der seidenen Schnur, die diesmal eine starke Bogensehne war, feierlich erdrosseln. Als fünf Jahre später die Kaiserlichen Belgrad erobert hatten, schickten Jesuiten den Schädel des Großwesirs als Geschenk an Bischof Kollonitsch.

Der streitbare Kirchenfürst, vom Kaiser stets hoch geschätzt, stieg nach der Belagerung von Wien stetig auf: 1685 wurde er Kardinal, 1691 Erzbischof von Kalocsa, 1692 Präsident der Hofkammer und schließlich 1695 Erzbischof von Esztergom und Fürstprimas von Ungarn. Er starb im Alter von 76 Jahren an einem Herzversagen im Wiener Heiligenkreuzerhof.

Die Feldherren kämpften weiter gegen die Türken. Starhemberg nahm an mehreren Feldzügen in Ungarn teil, wurde als Kommandant der kaiserlichen Artillerie bei der Erstürmung der ungarischen Hauptstadt Buda im Herbst 1686 schwer verwundet und mußte aus dem aktiven Dienst ausscheiden. Im Jahr 1691 ernannte ihn Leopold I. zum Präsidenten des Hofkriegsrates. Der ehemalige Verteidiger von Wien starb als wohlhabender Staatsbeamter am 4. Juni 1701 an der Wassersucht und wurde in der Wiener Schottenkirche beigesetzt.

Der Herzog von Lothringen übernahm auf ungarischem Boden bereits Ende September 1683 offiziell den Oberbefehl über alle Truppen der christlichen Verbündeten. Er leitete die recht erfolgreichen Operationen gegen die zurückweichenden Türken vier Jahre lang, darunter die Belagerung der Festung Buda. Im Jahr 1688 kommandierte er die kaiserliche Armee gegen die Franzosen im Westen, im Frontabschnitt Mittelrhein, wurde aber krank, kehrte nach Innsbruck zurück, wollte im Frühjahr 1690 nach Wien reisen, um mit dem Kaiser über eine Reform der Armee zu verhandeln, starb aber unterwegs in Wels, erst im Alter von siebenundvierzig Jahren, an einer Lungenembolie. Er blieb auch nach dem Entsatz von Wien zurückhaltend und bescheiden, schrieb keine Memoiren, kommentierte das Verhalten der Verbündeten nicht, er sagte Sobieski oder der polnischen Armee, da er ihre Leistung in der Entscheidungsschlacht als Fachmann zu schätzen wußte, kein böses Wort nach, obwohl er im Herbst 1683 in Ungarn mit ihnen ziemlich schlechte Erfahrungen machen mußte.

Nach dem Fall der türkischen Festung Esztergom hatte Sobieski genug vom Krieg. Die Königin schickte ihm aus Warschau Brandbriefe: »Eure Feinde schlafen hier nicht!« Die Armee war in erbärmlichem Zustand, Hunger, Kälte und Dauerregen demoralisierten die Mannschaft, ihre Kampfmoral sank auf den Nullpunkt; die Türken schlugen sie in der Nähe von Esztergom, bei Párkány an der Donau, schwer. Die Polen betrachteten Ungarn als türkisches

Gebiet, als Feindesland, sie plünderten und mordeten hemmungslos. Sogar der überaus höfliche und taktvolle Starhemberg erzählte dem venetianischen Botschafter Contarini, daß »der König nicht Herr seiner Truppen war, die nicht mehr zurückzuhalten waren«. Aber auch Sobieski selbst sprach von »Kirchenraub, Erpressungen und Unzucht« und von faulen und nachlässigen Offizieren. Am 3. November traten die Polen von Esztergom aus den langen Marsch in die Heimat an: Sie schleppten sich fast sechs Wochen lang halb verhungert, zerlumpt über die schon verschneiten Westkarpaten und über die Ebenen von Mazowiecka und hatten dabei mehr Tote zu beklagen als in der Schlacht um Wien und bei Párkány. Am Ende löste sich das Heer auf, der Adel gab dafür dem König die Schuld, aber vor allem dafür, daß er, wie es hieß, Wien aus purem persönlichem Ehrgeiz gerettet, aber das polnische Podolien weiterhin in der Hand der Osmanen gelassen hätte. Sobieski mußte nun gegen den heimischen Adel kämpfen; in der Außenpolitik steuerte er mal einen französischen, mal einen österreichischen Kurs, wurde dabei auch von seiner Frau befehdet und schließlich von seinem Sohn Jakób, für den der ruhmreiche Vater schon viel zu lang auf dem Thron saß, offen bekämpft. Jan III. Sobieski starb enttäuscht und verbittert im Alter von zweiundsiebzig Jahren in Warschau. Als unmittelbare Todesursache gaben die Ärzte das Versagen der Nieren an.

Enttäuscht und verbittert starb auch Kuruzzenführer Imre Thököly als vergessener politischer Flüchtling im Jahr 1705 im türkischen Nest Nikomedien (heute Izmit) an Gicht und »allgemeiner Entkräftung«. Nach der Belagerung von Wien blieb Thököly zwischen den Fronten hängen. Seine Armee verlief sich, die Türken nahmen ihn in Haft und boten ihn dem Wiener Hof als Tauschobjekt gegen einen Waffenstillstand an. Leopold I. lehnte ab, daraufhin ließ der Sultan Thököly frei. Nach einem mißglückten Versuch, die Macht in Siebenbürgen zu übernehmen, ging er ins türkische Exil. Im Frieden von Karlowitz (26. Januar 1699) garantierte Sultan Mustafa II., daß Thököly seinen Zwangsaufenthaltsort niemals verlassen und auch niemals in der Lage sein werde, gegen den Kaiser eine Rebellion anzuzetteln.

Mustafa II. war bereits der dritte Nachfolger von Mehmed IV. Denn die erfolglose Belagerung von Wien, die Gegenoffensive der christlichen Verbündeten, die Serie der Niederlagen in Ungarn, der Fall der Hauptstadt Buda und der Verlust Belgrads hatten die

Position des Sultans Mehmed IV. zunehmend geschwächt. Im Sommer 1687 brach in Istanbul der übliche Janitscharenaufstand aus, der erhabene Padischah wurde abgesetzt, aber nicht getötet, sondern im Großen Serail unter Hausarrest gestellt, wo Mehmed IV. recht bequem und vielleicht sogar auch glücklich noch fünf Jahre lebte.

Das türkische Reich war schwer erschüttert. Die französische Großmachtpolitik sah in der weiteren, offenen Unterstützung der Osmanen nur mehr eine kostspielige Fehlinvestition. Der Sonnenkönig Louis XIV. stellte sich gleich nach der Niederlage des Großwesirs Kara Mustafa vor Wien auf die neuentstandene militärisch-politische Lage um: Er beauftragte seinen Botschafter in Österreich, den Marquis de Sèbeville, seine große Freude über die Rettung Wiens dem Kaiser glaubwürdig zu schildern. Sèbeville schilderte, und Leopold I. bewies, daß er Sinn für Ironie hatte, denn er teilte dem Botschafter mit, er kenne die allerchristlichste Majestät als einen sehr christlichen und sehr hochherzigen Herrscher, so daß er keineswegs daran zweifle, daß der König von Frankreich über den Sieg, den man über die Ungläubigen errungen habe, besonders erfreut sei.

Die große Freude des Königs von Frankreich über das Kriegsglück des Kaisers war freilich nicht von Dauer. Bald marschierten französische Truppen an der Rheingrenze auf, besetzten deutsches Reichsgebiet und verwüsteten das Schloß von Heidelberg. Das war mehr oder weniger das Vorspiel für den schon lange erwarteten großen Krieg zwischen dem Haus Bourbon und dem Haus Habsburg, zwischen dem Sonnenkönig Louis XIV. und dem Kaiser des Heiligen Römischen Reiches, Leopold I., um das spanische Erbe. Carlos II., der letzte Habsburger auf dem Thron in Madrid, starb endlich am 1. November 1700. Dann wurde geschossen, zum Teil schon mit neuen, in den Türkenkriegen verbesserten Waffen; neue Feldherren und Helden, darunter Prinz Eugen, der edle Ritter, und sein englischer Verbündeter, der Herzog von Marlborough, führten neue Methoden im Kampf ein. Doch das Grundmuster des Krieges (er dauerte dreizehn Jahre) blieb wie in den Tagen der Belagerung von Wien: rücksichtsloses Streben nach politischer und wirtschaftlicher Macht und sinnloses Blutvergießen.

BIBLIOGRAPHIE

Allmayer-Beck, Johann Christoph, *Die kaiserlichen Kriegsvölker von Maximilian I. bis Prinz Eugen.* München 1978.

Babinger, Franz, *Die Geschichtsschreiber der Osmanen und ihre Werke.* Leipzig 1927.

Beczédi, László, *A Thököly felkelésről.* Budapest 1955.

Czeike, Felix, *Das Große Groner Wien-Lexikon.* Wien 1974.

Dolleczek, Anton, *Geschichte der österreichischen Artillerie.* Graz 1973.

Düriegel, Günter, *Wien 1683.* Wien 1981.

Fiedler, Joseph, *Die Relationen der Botschafter Venedigs über Deutschland und Österreich im 17. Jahrhundert.* Wien 1867.

Forst de Battaglia, Otto, *Jan Sobieski.* Graz 1982.

Giurescu, Constantin, *Geschichte der Rumänen.* Bukarest 1980.

Györffy, György, *Magyarország története (Gesamtdarstellung d. ung. Geschichte).* Budapest 1973.

Hayne, J. C. G., *Abhandlung über die Kriegskunst der Türken, von ihren Märschen, Lagern, Schlachten und Belagerungen.* Berlin 1783.

Hoffmann, Johan Georg von, *Relation du siège de Vienne par un officer de la Garnison (Hg. von Dr. Stefan Hofer).* Wien 1937.

Hoog, F. G., *Some notes on old artillery.* London 1955.

Incalik, Halil, *Ottoman Methods of Conquest.* Istanbul 1954.

Jorga, Nikolaus, *Geschichte des osmanischen Reiches.* Gotha 1904.

Kann, A. Robert, *Geschichte des Habsburgerreiches 1526–1918.* Wien 1977.

Kleindel, Walter, *Österreich – Daten zur Geschichte und Kultur.* Wien 1978.

Klopp, Onno, *Corrispendenza epistolare fra Leopoldo I. Imperatore e Marco d'Aviano Capucino.* Graz 1888.

Hammer-Purgstall, Josef, *Geschichte des Osmanischen Reiches.* Pest 1890.

Köprülü, Fuad Mehmed, *Les origines de L'Empire Ottoman.* Paris 1974.

Kreutel, Richard F. (Hrsg.), *Kara Mustafa vor Wien – Das türkische Tagebuch der Belagerung Wiens 1683, verfaßt vom Zeremonienmeister der Hohen Pforte.* Graz 1955.

Kuniz, Georg Christoph von, *Diarium.* Wien 1684.
Lane, Frederic C., *Seerepublik Venedig.* München 1980.
Leithner, Franz S., *Der heldenmütige Kampf Wiens gegen die Türken und Onno Klopps ungerechtfertigte Verdächtigung der Wiener Bürgerschaft.* Krems 1883.
Meszlényi, Antal, *Szelepcsényi primás.* Budapest 1935.
Öztuna, Yilmaz T., *Türkiye Tarihi.* Istanbul 1966.
Passer, Justus Eberhard, *Berichte des Hessen-Darmstädtischen Gesandten Justus Eberhard Passer (Herausgegeben von Dr. Ludwig Baur).* Wien 1867.
Redlich, Oswald, *Weltmacht des Barock – Österreich in der Zeit Leopolds I.* Wien 1961.
Rashid, Mehmed, *Tarih-i Rashidl.* Istanbul 1865.
Rázsó, György, *Az 1529-es hadjárat stratégiai problémái.* Budapest 1976.
Stoye, John, *Wien 1683 oder die Rettung des Abendlandes.* Wien 1966.
Renner, Victor von, *Wien im Jahre 1683.* Wien 1883.
Sturminger, Walter (Hrsg)., *Die Türken vor Wien in Augenzeugenberichten.* Düsseldorf 1968.
Sturminger, Walter, *Die Kundschafter zur Zeit der zweiten Türkenbelagerung Wiens.* Wien 1952.
Teply, Karl, *Türkische Sagen und Legenden um die Kaiserstadt Wien.* Wien 1980.
Vajda, Stephan, *Felix Austria – Eine Geschichte Österreichs.* Wien 1980.